中国证券监督管理委员会年报

中国证券监督管理委员会　编著

2021

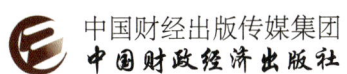

图书在版编目（CIP）数据

中国证券监督管理委员会年报.2021/中国证券监督管理委员会编著. ——北京：中国财政经济出版社，2022.6

ISBN 978-7-5223-1398-6

Ⅰ.①中… Ⅱ.①中… Ⅲ.①证券交易-金融监管-中国-2020-年报 Ⅳ.①F832.51-54

中国版本图书馆CIP数据核字（2022）第073897号

责任编辑：胡　懿　　　　　责任校对：张　凡

责任印刷：党　辉

中国证券监督管理委员会年报2021

ZHONGGUO ZHENGQUAN JIANDU GUANLI WEIYUANHUI NIANBAO 2021

中国财政经济出版社 出版

URL：http://www.cfeph.cn

E-mail：cfeph@cfemg.cn

（版权所有　翻印必究）

社址：北京市海淀区阜成路甲28号　邮政编码：100142

营销中心电话：010-88191522

天猫网店：中国财政经济出版社旗舰店

网址：https://zgczjjcbs.tmall.com

北京时捷印刷有限公司印装　各地新华书店经销

成品尺寸：210mm×297mm　16开　9.25印张　230 000字

2022年6月第1版　2022年6月北京第1次印刷

定价：98.00元

ISBN 978-7-5223-1398-6

（图书出现印装问题，本社负责调换，电话：010-88190548）

本社质量投诉电话：010-88190744

打击盗版举报热线：010-88191661　QQ：2242791300

目录 | Contents

主席致辞

中国证监会简介

监管架构	9
管理层	10
组织架构	11
国际顾问委员会	12
人力资源	13

全面从严治党

突出政治建设引领	17
强化创新理论武装	17
深入开展纪检监察工作	18
加强党的组织建设	19

资本市场发展情况

多层次股权市场	23
交易所债券市场	30
期货与衍生品市场	33
基金市场	36
资本市场经营机构	37

服务实体经济

支持实体企业发展	41
服务科技创新	42
支持乡村振兴	43
助力绿色低碳转型	44
支持应对大灾大疫	45

市场监管与法治

强化日常监管	49
稽查执法和打非清整	52
防范化解金融风险	54
资本市场法治建设和提高证券违法成本	55

保护投资者合法权益

完善投资者保护机制	59
健全投资者行权维权机制	59
提升投资者服务水平	59
加强投资者教育	60

对外开放

资本市场双向开放	63
国际交流与合作	65

附录

附录1 2021年证券期货市场监管大事记	69
附录2 2021年颁布的部门规章和规范性文件	72
附录3 系统单位简介及联系方式	74

附表

附表1 中国证券期货市场主要统计数据（2012—2021年）	87
附表2 证券公司一览表	88
附表3 基金管理公司一览表	94
附表4 期货公司一览表	100
附表5 合格境外投资者一览表	106
附表6 合格境外投资者托管银行一览表	129
附表7 境外证券类机构驻华代表处一览表	130
附表8 境外交易所驻华代表处一览表	133
附表9 双边监管合作谅解备忘录一览表	134

后记　　　　　　　　　　　　　　　　140

主席致辞

2021年是党和国家历史上具有里程碑意义的一年。面对百年变局和世纪疫情，中国证券监督管理委员会（以下简称证监会）坚持以习近平新时代中国特色社会主义思想为指导，认真贯彻党中央、国务院决策部署，坚持稳中求进工作总基调，深入贯彻新发展理念，坚持市场化法治化，坚持"建制度、不干预、零容忍"，抓改革、防风险、强监管、促稳定，全面提升证监会系统党的建设质量，资本市场实现"十四五"良好开局，服务构建新发展格局和高质量发展取得新成效。

聚焦高质量发展，服务实体经济实现量质双升。自觉站位全局，强化责任担当，积极发挥多层次股权和债券、期货市场功能。科学合理保持IPO、再融资常态化，沪深市场481家企业首发上市，IPO和再融资规模合计达1.5万亿元；交易所债券发行8.7万亿元，股债融资规模创历史新高，有力支持了实体经济发展。基础设施领域公募REITs试点成功落地，为促进存量资产盘活探索了新路径。全面落实"六稳""六保"方针，做好已出台支持疫情防控与实体经济发展措施落地工作，抓实资本市场支持振作工业经济运行的政策措施，强化直达力和精准性。积极服务创新驱动发展、绿色发展、区域协调发展等国家重大战略，科创板、创业板IPO企业数量超全市场总量七成，要素资源加速向科技创新领域集聚。

保持战略定力，全面深化资本市场改革向纵深推进。系统总结评估科创板、创业板试点注册制经验，及时完善发行定价、现场检查、辅导监管、提高招股书披露质量、督促中介归位尽责和廉政风险防范等制度机制，全面实行股票发行注册制条件逐步具备。坚持突出特色、错位发展，设立北京证券交易所，打造服务创新型中小企业主阵地迈出关键一步。深市主板和中小板合并平稳实施。简政放权持续深化，监管数字化智能化水平不断提升。通过深化改革，市场活力进一步激发、韧性进一步增强，市场总体保持平稳运行。

推动齐抓共管，提高上市公司质量取得新成效。以贯彻落实国务院《关于进一步提高上市公司质量的意见》和中央全面深化改革委员会审议通过的退市改革方案为抓手，增强工作合力，推动各项工作进入"快车道"，不断夯实资本市场高质量发展的基石。高风险公司持续压降，风险类公司占比从2020年初的21%降至10%以下。加快健全常态化退市机制，全年强制退市17家，创历史新高，还有11家通过重组退、主动退等方式平稳退出，优胜劣汰、进退有序的态势加速形成。

坚持久久为功，推动投资端改革和行业高质量发展迈出实质性步伐。多措并举壮大机构专业投资力量，推动市场资金结构、投资者结构明显改善。进一步改革优化公募基金产品准入制度，健全长周期考核评价体系和激励机制，公募基金管理规模超过25万亿元，同比增长26%。分类优化私募基金登记备案标准和流程，私募证券基金规模达到6.1万亿元，同比增长62%。简化合格境外投资者审批流程并放宽投资范围，常态化开展境外投资者沟通，稳定外资对我国资本市场的信心。推动证券基金期货经营机构提升公司治理、合规管理、风险控制水平，行业生态进一步改善。

统筹开放与安全，稳步推进资本市场高水平开放。持续深化制度型双向开放，市场、产品、机构全方位开放取得新进展。支持香港特区推出A50股指期货，科创板上市公司和在港上市生物科技公司纳入沪深港通标的，沪港ETF互通落地。推动沪伦通机制优化拓展。进一步优化放宽红筹企业境内上市条件。全年境内企业H股融资合计1 218亿港元。完善企业境外上市监管制度并公开征求意见。原油、棕榈油期权成为首批对外开放商品期权。

坚守主责主业，"零容忍"执法震慑进一步彰显。 贯彻中办、国办《关于依法从严打击证券违法活动的意见》，在健全法治、完善执法司法体制机制和加强投资者保护等方面实现重大突破。牵头成立跨部委协调工作小组，最高检驻证监会检察室揭牌成立。深入贯彻落实新《证券法》《刑法修正案（十一）》，主要配套制度"立改废"工作基本完成，证券期货行政执法当事人承诺制度等相继落地。强化稽查执法和刑事司法的衔接，坚决查处了一批市场关注、影响恶劣的大要案。首例证券纠纷特别代表人诉讼"康美案"落地，"追首恶"效应彰显，这是资本市场法治史上的一大标志性事件。

坚持标本兼治，各类风险继续收敛、总体可控。 注重通过深化改革稳定市场预期，健全风险防控处置机制，增强市场韧性和抗风险能力。股票质押风险继续保持下降态势，高比例质押公司数量较最高峰下降超过六成，这一突出问题得到大幅改观。交易所债券市场违约率保持在较低水平。推动建立部际联动、央地协作的私募风险化解处置机制，增量风险初步得到有效控制，高风险集团化私募机构规模压降超千亿元。

在推进改革发展稳定各项工作中，证监会始终注重发挥好党建的引领保障作用，深入开展党史学习教育，全力配合中央巡视，自觉从经济社会发展全局出发思考和谋划资本市场工作，扎扎实实办好自己的事，以实际行动拥护"两个确立"、践行"两个维护"。坚持"两个责任"贯通联动，持续巩固作风建设成效，一体推进惩治金融腐败和防控金融风险，推动系统全面从严治党不断走深走实。加快建设高素质专业化监管干部队伍，完善年轻干部选育管用机制，拓宽干部锻炼成长渠道，深入推进监管文化建设，干部队伍凝聚力向心力持续增强。

2022年将召开党的二十大，做好资本市场工作十分重要。证监会将坚持以习近平新时代中国特色社会主义思想为指导，全面贯彻党的十九大和十九届历次全会精神，落实中央经济工作会议部署，坚持"稳字当头、稳中求进"，完整准确全面贯彻新发展理念，坚守主责主业，坚持守正创新，坚定不移走中国特色金融发展之路，更好服务构建新发展格局和高质量发展，以资本市场改革发展新成效迎接党的二十大胜利召开。

一是坚持稳字当头，切实维护资本市场平稳健康发展。加强宏观研判和政策协调，完善资本市场预期引导机制，健全风险预防预警处置问责制度体系。稳步推动中长期资金入市，促进投融资总体平衡和协同发展。**二是**强化改革政治担当，不断提高金融治理体系和治理能力现代化水平。以全面实行股票发行注册制改革为主线深入推进资本市场改革，压实中介机构"看门人"责任，做实做细思想、业务、廉政各项准备，确保改革平稳落地。同时，统筹完善多层次市场体系，同步推进基础制度改革和证监会系统自身建设。**三是**突出"稳增长"，不断提升服务经济高质量发展能力。研究出台更多有利于稳增长、稳预期的政策措施，充分发挥多层次市场功能，继续支持实体企业通过资本市场开展股债融资，引导上市公司聚焦主业做优做强。**四是**统筹开放和安全，坚定不移推进制度型开放。稳步扩大市场、机构和产品高水平双向开放，创造条件推动中美审计监管合作取得成果，加快推进企业境外上市监管制度政策落地。**五是**促进资本规范健康发展，平稳推进重点领域风险化解处置。与相关方面共同建立健全加强资本规范引导的制度机制，为资本设置"红绿灯"。稳妥化解债券违约风险，稳步推进私募基金风险分类整治。深入开展"伪私募""伪金交所"整治，加强分工协作，消除监管真空。**六是**深化放管结合，加快推进监管转型。适应注册制等重大改革带来的深刻变化，加快公司监管、机构监管、稽查处罚全方位职能转变，大力提升监管数字化智能化水平。**七是**持续加强资本市场法治供给，保护投资者合法权益。推动期货和衍生品法等立法。发挥好打击资本市场违法活动协调工作小组等机制作用，进一步增强执法震慑。扎实推进证券纠纷特别代表人诉讼常态化开展。八是进一步加强党的全面领导,更好发挥党建的引领和保障作用。高标准严要求抓好中央巡视反馈意见整改,推动党史学习教育常态化长效化,教育引导系统党员、干部更加深刻认识"两个确立"的决定性意义,增强"四个意识",坚定"四个自信",做到"两个维护"。加强班子和干部队伍建设。坚持"三不"一体推进,持续健全重点领域公权力监督机制,坚决查处各种金融乱象背后的腐败问题,加快形成系统全面从严治党严的氛围。

中国证券监督管理委员会　主席

中国证监会简介

监管架构

管理层

组织架构

国际顾问委员会

人力资源

监管架构

中国证监会为国务院直属正部级事业单位，2006年被批准参照《中华人民共和国公务员法》管理。中国证监会依照相关法律、法规和国务院授权，统一监督管理全国证券期货市场，维护证券期货市场公平、公正、公开，防范系统性风险，保护投资者合法权益，促进证券期货市场健康发展。

中国证监会会机关负责制定、修改和完善证券期货市场规章规则，拟定市场发展规划，办理重大审核事项，指导协调风险处置，组织查处证券期货市场重大违法违规案件，指导、检查、督促和协调系统监管工作。

派出机构受中国证监会垂直领导，负责辖区内的一线监管工作，主要职责是：根据法律、行政法规规定及中国证监会的授权开展行政许可相关工作，对辖区内上市公司、证券期货经营机构、证券期货投资咨询机构和从事证券业务的律师事务所、会计师事务所、资产评估机构等中介机构的证券期货业务活动进行监督管理；负责辖区内风险防范与处置；查处辖区内的违法违规案件；开展辖区内投资者教育与保护工作。

上海证券交易所（以下简称上交所）、深圳证券交易所（以下简称深交所）、上海期货交易所（以下简称上期所）、郑州商品交易所（以下简称郑商所）、大连商品交易所（以下简称大商所）、中国金融期货交易所（以下简称中金所）、广州期货交易所（以下简称广期所）、中国证券登记结算有限责任公司（以下简称中国结算）、中国证券投资者保护基金有限责任公司（以下简称投保基金公司）、中国证券金融股份有限公司（以下简称中证金融）、中国期货市场监控中心有限责任公司（以下简称中国期货市场监控中心）、全国中小企业股份转让系统有限责任公司（以下简称全国股转公司）、中国证券业协会（以下简称证券业协会）、中国期货业协会（以下简称期货业协会）、中国上市公司协会（以下简称上市公司协会）、中国证券投资基金业协会（以下简称基金业协会）等机构，对其会员（或参与人、上市公司、挂牌公司）及证券期货交易活动进行一线监管和自律监管。这些一线监管和自律监管构成证券期货监管活动的有效补充。

管理层 ①

易会满
主席

李　超	方星海	赵争平	樊大志	王建军
副主席	副主席	副主席	驻证监会纪检监察组组长	副主席

---

① 王建军，自2021年10月起担任中国证监会副主席职务。

组织架构

中国证监会组织架构如图1-1所示。

图 1-1　中国证监会组织架构

国际顾问委员会

国际顾问委员会（以下简称顾委会）是中国证监会的专家咨询机构，于2004年6月经国务院批准设立，由境外金融监管高级官员、金融机构高管以及知名专家学者担任委员。自2004年成立以来，顾委会每年召开一次会议，为促进中国证监会借鉴国际经验、加强国际交流合作、推进资本市场双向开放和稳定发展持续发挥积极作用。2021年，顾委会顺利完成委员换届工作，现共有委员15名，其中主席、副主席各1名。现任主席为霍华德·戴维斯先生，现任副主席为史美伦女士。

表1-1　　　　　　　　　　　　　中国证监会国际顾问委员会委员名单

主席

| 霍华德·戴维斯 Howard DAVIES | 国民威斯敏斯特（Natwest）集团主席，Inigo保险公司主席，英国金融服务局前主席，伦敦政治经济学院前院长 |

副主席

| 史美伦 Laura M. CHA | 香港特别行政区行政会议非官守成员，香港交易所主席，汇丰控股非执行董事，中国证监会前副主席，香港证监会前副主席 |

委员（按英文姓氏首字母排列）

托马斯·布克 Thomas BOOK	德意志交易所集团执委会委员
马丁·弗拉纳根 Martin FLANAGAN	景顺集团总裁兼首席执行官
何晶 Ching HO	先拓者基金会主席，淡马锡信托基金会董事，淡马锡公司前首席执行长
沃尔特·卢肯 Walter LUKKEN	美国期货业协会会长，美国商品期货交易委员会前委员、执行主席
里奥·梅拉梅德 Leo MELAMED	芝加哥商业交易所集团终身荣誉主席，Melamed & Associates全球咨询公司主席兼首席执行官，美国全国期货协会永久特别顾问
斯蒂芬·罗奇 Stephen ROACH	耶鲁大学杰克逊全球事务研究所高级研究员，管理学院高级讲师；摩根士丹利亚洲区前主席，摩根士丹利前首席经济学家

续表

玛丽·夏皮罗 Mary SCHAPIRO	彭博副董事长，美国证监会前主席，美国商品期货交易委员会前主席
大卫·施维默 David SCHWIMMER	伦敦证券交易所集团首席执行官
沈联涛 Andrew SHENG	香港大学亚洲环球研究院杰出研究员，香港证监会前主席，香港金融监管局前副总裁
氏家纯一 Junichi UJIIE	氏家经济研究所会长，前野村证券总裁兼首席执行官
温泽恩 John WALDRON	高盛集团总裁兼首席运营官
魏柏昂 Axel A. WEBER	瑞银集团董事会主席，国际金融协会主席，德国央行前行长
大卫·莱特 David WRIGHT	欧洲金融智库EUROFI主席，Flint Global咨询合伙人，国际证监会组织前秘书长，欧盟委员会前智库成员

人力资源

截至2021年末，中国证监会工作人员共3 376人，其中总部787人，派出机构2 589人，占比分别为23%和77%，平均年龄38.7岁。

全面从严治党

突出政治建设引领
强化创新理论武装
深入开展纪检监察工作
加强党的组织建设

突出政治建设引领

坚决贯彻落实习近平总书记重要指示精神和党中央重大决策部署。以政治建设为统领，贯彻新发展理念，立足新发展阶段，围绕监管工作大局擘画新蓝图、研究新问题、提出新思路，把加强和改进全会思想政治工作作为一项重大政治任务和经常性、基础性工作切实抓紧抓好。中国证监会党委以上率下带动系统各单位党委强化理论武装，压实意识形态工作主体责任，坚守监管的政治性和人民性，增强"四个意识"、坚定"四个自信"，做到"两个维护"，学党史、悟思想、办实事、开新局，全面构建新时代资本市场思想和政治建设新格局。部署贯彻落实中央经济工作会议精神，深刻领会关于做好经济工作的四条规律性认识，准确把握党中央关于经济工作的总体要求和七大政策取向，正确认识和把握新发展阶段面临的五个重大理论和实践问题，主动站位"两个大局"，心系"国之大者"，扎扎实实办好自己的事，不断提升资本市场服务经济高质量发展质效。

深入学习贯彻党的十九届六中全会精神。把学习好、宣传好、贯彻好全会精神作为重大政治任务，迅速制定学习宣传贯彻十九届六中全会精神具体安排，部署全系统学习宣传贯彻工作，指导证监会系统各党支部第一时间传达学习。加强对各支部研讨学习的列席督导，督促开展证监会党委成员和各支部书记专题宣讲，在证监会机关迅速掀起学习贯彻热潮。在全系统开展"证券期货监管系统政治使命、政治功能和政治责任"大讨论。广泛深入开展学习宣传，切实用全会精神统一思想、凝聚共识、坚定信心、增强斗志。

强化创新理论武装

深入学习贯彻"七一"重要讲话精神。组织各党支部开展专题学习研讨，做好机关党员干部参加庆祝中国共产党成立100周年活动组织和保障工作，把好政治关、保密关和疫情防控关。举办机关青年干部学习近平总书记"七一"重要讲话精神宣讲会、"光荣在党50年"纪念章颁发仪式。组织机关党员干部参观"'不忘初心、牢记使命'中国共产党历史展览""中央和国家机关党的建设成就巡礼展"。统一规范制作装裱展板、海报、标语等，营造学习"七一"讲话和庆祝建党百年的热烈氛围。

扎实开展党史学习教育。推动党史学习教育常态化长效化，制定党史学习教育方案，细化学习教育具体任务，开展专题动员推进会，推动各项工作安排落在实处。鼓励各支部创新拓宽方法，积极开展形式多样、富有特色的学党史活动，促进党史学习教育走深走实。建立全阶段"立体"式督导机制，建立党史学习教育支部任务完成情况台账，形成工作闭环。全面督导各支部落实"我为群众办实事"项目，确保问题准、措施实、效果好。

深入开展纪检监察工作

深化政治监督，坚定捍卫"两个确立"。 把贯彻落实习近平总书记有关防范化解金融风险，加大金融领域反腐败工作力度等重要指示批示精神和党中央重大决策部署作为政治监督的重中之重，建立信息定期共享和督查督办联动机制，通过半年度沟通会商、动态对账式监督检查、出具监督意见书等推动政治监督具体化常态化。紧盯践行"两个维护"开展监督检查，对学习贯彻落实习近平总书记"七一"重要讲话精神和"7·9"重要讲话精神情况进行全面检视。坚持监督与整改有机贯通，做好中央巡视配合及整改工作。加强对"一把手"和领导班子的监督，深化对沪深证券交易所的监督，开展注册制审核质量控制等专项监督，近距离监督深交所主板和中小板合并等重点工作，对资本市场源头性、苗头性、倾向性风险开展预警式监督。对全国股转公司开展巡回监督检查，为党中央设立北京证券交易所重大决策落地实施提供监督保障。

贯彻落实"三不"一体推进方略，坚定不移深化金融反腐。 2021年驻中国证监会纪检监察组和证监会系统单位纪委综合运用"四种形态"199人次，给予处分44人次。加大对证券发行审核领域腐败行为的打击力度，严肃查处5起严重违纪违法案件。一体推进金融风险防控与金融反腐工作，对证券发行审核注册全链条进行专项监督检查，强化对股票发行审核注册公权力监督制衡。从严管理在职人员与监管对象交往，加强离职人员审批和跟踪管理，开展证监会离职人员"旋转门"专项监督治理，建立起离职人员立体监督体系。组织拍摄证监会系统专题警示教育片，深入开展证监会系统警示教育，强化思想淬炼和精神洗礼，增强"不想腐"的思想自觉。

做实做细日常监督，织密监督"防护网"。 持续完善权力运行监督制约体制机制，将承担行政许可职能的机关重点部门相关人员全部纳入高风险岗位管理，及时调整评估证券监管公权力清单和高风险岗位，最大限度消除权力寻租空间。建立健全谈心谈话机制，对系统各单位和机关各部门负责人、高风险岗位干部开展监督谈话，对新任处级干部开展廉政谈话。常态化开展廉政教育，组织首批到市场实践锻炼的机关干部签署廉政承诺书。将处分执行与教育感化相结合，对上一年度受处分干部进行回访，了解思想动态、强化教育鼓励。组织全系统党员干部分层分类开展再警示再教育，增强抵御"围猎"定力。修订印发《证监会系统工作人员行为准则》，规范日常行为。上线运行干部廉政监督管理系统，对廉政监督事项归集管理。

纠治"四风"顽瘴痼疾，推动从严监督责任落细落实。 严肃查处"四风"和违反中央八项规定精神问题，2021年证监会系统共有15人因违反中央八项规定精神问题受到处分。持续纠"四风"树新风，紧盯关键节点进行廉政提醒，对节假日落实中央八项规定精神情况进行专项抽查检查。严肃查处群众反映强烈问题，开展会党委管理干部履职待遇清理规范，对地方行业协会管理情况集中进行专项监督检查，持续深化违规买卖股票专项整治。严肃党内政治生活，严把选人用人关，对民主生活会召开情况开展全过程监督。优化完善纪委工作清单，提升强化系统单位纪委书记监督履职能力，压实同级监督职责。探索构建"监督监管学习面对面"新机制，线上线下同步举办纪检业务大讲堂和专题培训班，全年培训专兼职纪检干部750余人次。出台《关于纪检监察干部打听、干预监督检查审查调查工作和请托说情的报备及责任追究办法》等制度，做好经常性教育提醒，确保系统纪检监察干部始终接受最严格的监督约束。

推动《关于加强中央和国家机关部门机关纪委建设的意见》（以下简称《意见》）落地见效。 党委书记亲自部署抓落实，要求把《意见》精神和具体工作结合起来，抓深抓实抓到位。开展会党委会、机关党委全会、机关纪委全会以及机关纪委干部多层次学习研讨，学深悟透《意见》精神。部署机关各党支部将《意见》学习纳入党史学习教育统筹安排，推动将《意见》

作为中国证监会党校常态化学习的课程内容。印发中国证监会党委贯彻落实《意见》通知，从聚焦主责主业等方面提出具体措施。深入开展机关纪委"学重要讲话 抓《意见》落实 改突出问题 强作用发挥"活动，认真查摆问题，制定整改措施，以扎实的活动成效推动机关纪委建设质量全面提升。

稳步推进内部巡视全覆盖，不断增强内部审计效能。 组织开展中国证监会党委第六轮巡视，完成对系统15家单位的常规巡视，对2家单位开展落实党中央重大决策部署情况的专项巡视，指导2家系统单位开展巡察，巡视全覆盖率达95%。聚焦重点人、重点事，完成11家单位领导干部任期经济责任审计，组织开展审计结果谈话16人次，建立健全审计整改长效机制，不断增强内部审计效能。深化"巡审结合＋纪检监察"贯通联动工作机制，综合运用各类监督成果，不断增强监督合力。

加强党的组织建设

加强干部队伍建设。 认真学习贯彻习近平总书记关于干部工作的重要论述，积极践行新时代党的组织路线，坚持党管干部原则，落实新时期好干部标准，着力锻造忠诚干净担当的高素质监管干部队伍。突出政治忠诚，严把政治关，注重在疫情防控、支持实体经济恢复发展、脱贫攻坚、全面深化改革等斗争一线考察选拔干部。突出结构优化，制定领导班子建设规划安排，创新方式和途径，开展优秀年轻副职推荐选拔工作，有序推进各级领导班子结构优化。突出专业过硬，聚焦提高治理能力和解决实际问题的能力，常态化推进轮岗交流，继续用好巡视审计、艰苦地区挂职等平台。突出担当作为，认真落实考核工作条例，统筹优化考核的内容、方式，强化重实干重实绩导向，坚持奖优罚劣、激励担当，用好用活考核结果，进一步发挥考核评价的指挥棒作用。

加强基层党组织建设。 认真学习贯彻习近平总书记关于基层党建工作的重要论述，健全党建工作领导机制，发挥党建工作领导小组议事协调机构作用，统筹推进系统党的建设、全面从严治党工作。认真学习贯彻《中国共产党组织工作条例》，坚持以机关带系统，推进证监会系统党支部标准化规范化建设，着力建设"四强"党支部。召开证监会机关第五次党代会，围绕机关党建高质量发展主题，全面总结过去五年基层党建工作，对新一届机关党建工作进行部署。严格执行"三上三下"工作程序，选举产生第五届机关党委和机关纪委。在系统单位组织开展强化政治意识专项教育，进一步提升干部职工的政治意识、公权力意识、规矩意识。完善党风廉政建设评价和党委书记抓基层党建述职评议考核机制，建立派出机构党建工作联系点，加强督促指导。组织开展证监会系统"两优一先"表彰、颁发"光荣在党50年"纪念章、"七一"走访慰问等工作。按照党中央部署要求及时向系统单位划拨党费专项资金支持疫情防控工作，引导基层党组织和广大党员积极作为、发挥作用。

从严管理监督干部。 深入学习贯彻习近平总书记关于从严管理监督干部的重要论述，认真落实十九届中央纪委历次全会精神，全方位做好干部管理监督各项工作。认真落实全面从严治党各项部署要求，进一步完善中国证监会党委和驻证监会纪检监察组同向发力的监督协作机制，强化公权力的监督制约，贯通落实"两个责任"。突出对"一把手"和领导班子监督，贯彻落实中央有关文件精神，围绕加强对"一把手"监督、加强同级监督、加强对下级班子监督等制定54项具体监督措施。集中规范领导干部近亲属经商办企业行为，研究制定证监会系统禁业范围，作为常态化管理的重要内容。修订出台《关于进一步加强会管单位管理监督的意见》，按照"下管一级、监控两级"的要求从严管好会管单位。做实日常监督，严格执行个人有关事项报告，干部兼职、投资，与监管对象交往等规定，加强对离职干部的管理监督。强化干部选任监督，扎实做好"一报告两评议"、专项检查等工作，推动提升全系统选人用人工作质量，营造风清气正的政治生态。

资本市场发展情况

多层次股权市场

交易所债券市场

期货与衍生品市场

基金市场

资本市场经营机构

多层次股权市场

交易所股票市场基本情况

市场规模。 截至2021年末,沪深两市上市公司4 615家(见图3-1),全年新增461家。其中,主板3 148家,创业板1 090家,科创板377家。沪深两市总市值91.61万亿元,流通市值75.16万亿元,同比分别增加14.91%和16.78%;流通市值占总市值的82.04%,同比上升1.31个百分点。沪深两市总市值占2021年国内生产总值(GDP)的80.10%(见图3-2),总市值居全球第二位(见表3-1)。

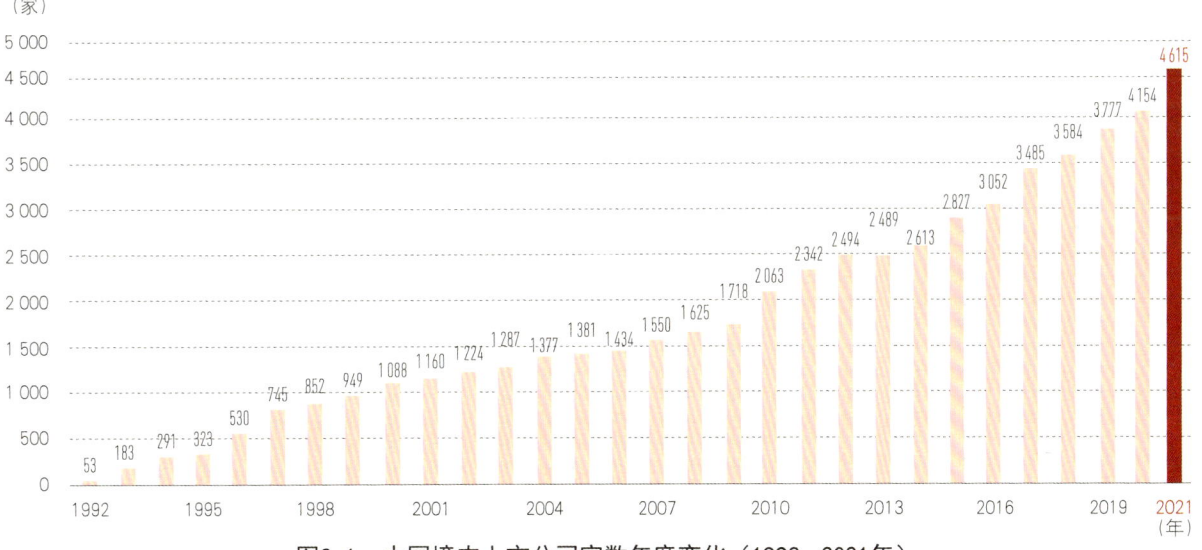

图3-1 中国境内上市公司家数年度变化(1992—2021年)

资料来源:中国证监会。

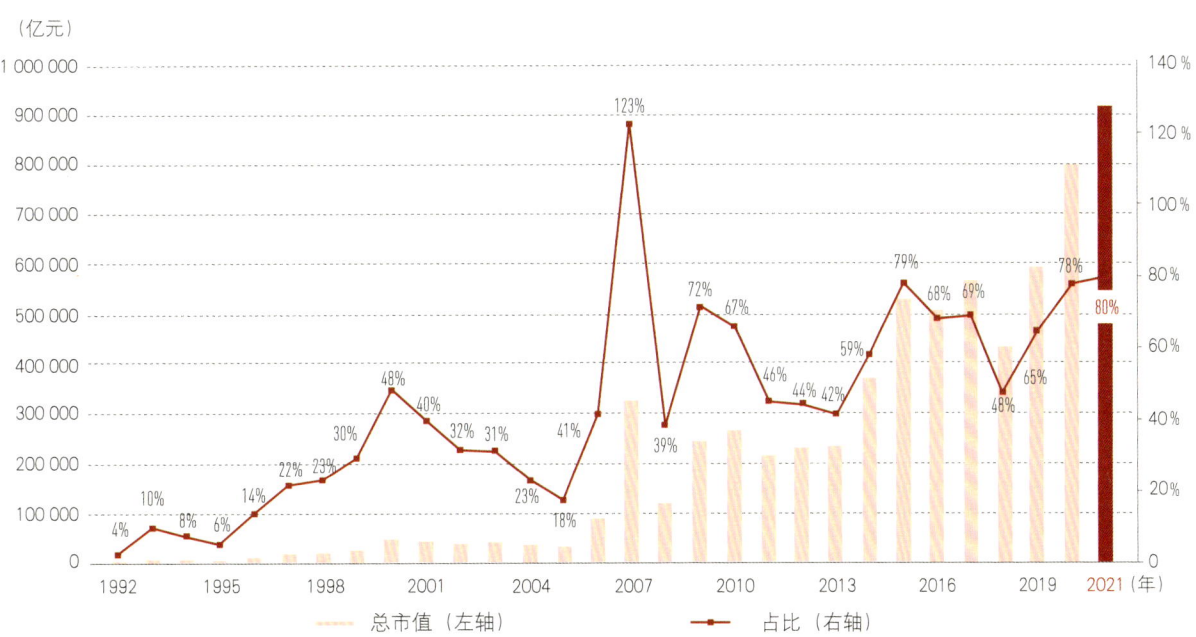

图3-2 沪深两市股票总市值与GDP比值变化(1992—2021年)

资料来源:中国证监会。

表3-1　　2021年12月底世界交易所市值排名

国家或地区排名			交易所排名		
排名	国家或地区名称	所属区域	交易所市值（亿美元）	名次	中文名称	交易所市值（亿美元）

排名	国家或地区名称	所属区域	交易所市值（亿美元）	名次	中文名称	交易所市值（亿美元）
1	美国	北美洲	522 440	1	纽约泛欧证券交易所（美国）	276 869
2	中国内地	亚洲	143 745	2	纳斯达克证券交易所	245 571
3	法国	欧洲	73 337	3	上海证券交易所	81 547
4	日本	亚洲	65 443	4	纽约泛欧证券交易所（欧洲）	73 337
5	中国香港	亚洲	54 342	5	东京证券交易所	65 443
6	英国	欧洲	37 995	6	深圳证券交易所	62 198
7	印度	亚洲	35 480	7	香港证券交易所	54 342
8	加拿大	北美洲	32 641	8	伦敦证券交易所	37 995
9	德国	欧洲	25 030	9	印度证券交易所	35 480
10	韩国	亚洲	22 187	10	多伦多证券交易所	32 641

资料来源：世界交易所联合会。

发行情况。 2021年，沪深两市发行A股[①]股票481只，合计融资16 742亿元（见图3-3），同比上升8.59%，其中首发融资5 351亿元，定向增发（现金认购）融资7 690亿元，定向增发（资产认购）融资1 866亿元，配股融资493亿元，可转债转股融资1 342亿元。

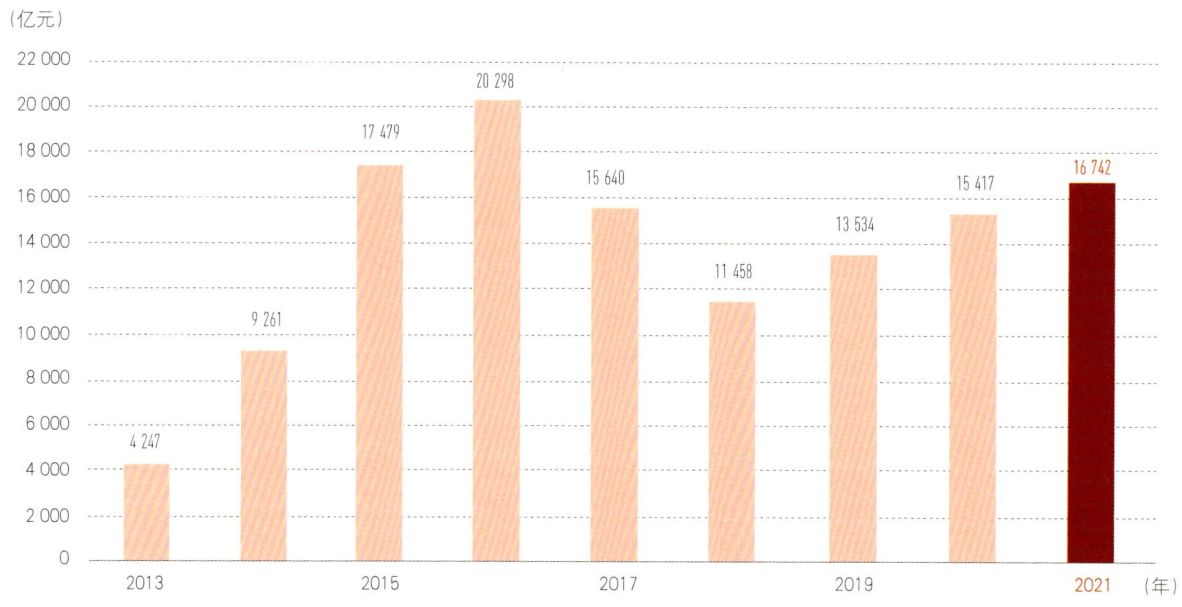

图3-3　A股市场历年融资额情况（2013—2021年）

资料来源：中国证监会。

注：此处A股融资额指通过IPO、增发（公开增发、定向增发现金及资产认购）、配股、权证行权、优先股、可转债转股等方式筹集的资金，按股份上市日统计。

---

① A股又称人民币普通股票，由中国境内公司发行，供境内机构、组织和个人（从2013年4月1日起，境内居住的港、澳、台地区居民可开立A股账户）以人民币认购和交易的普通股股票。

交易情况。 2021年，上证综指上涨4.80%（见图3-4），深证综指上涨8.62%（见图3-5）。全年上证综指振幅达12.06%。沪深两市日均成交金额为10 616.19亿元，较2020年增加2 104.86亿元，增幅为24.73%。2021年世界主要证券交易所股票交易额情况如图3-6所示。

图3-4　2021年上证综指走势

资料来源：中国证监会中央监管信息平台。

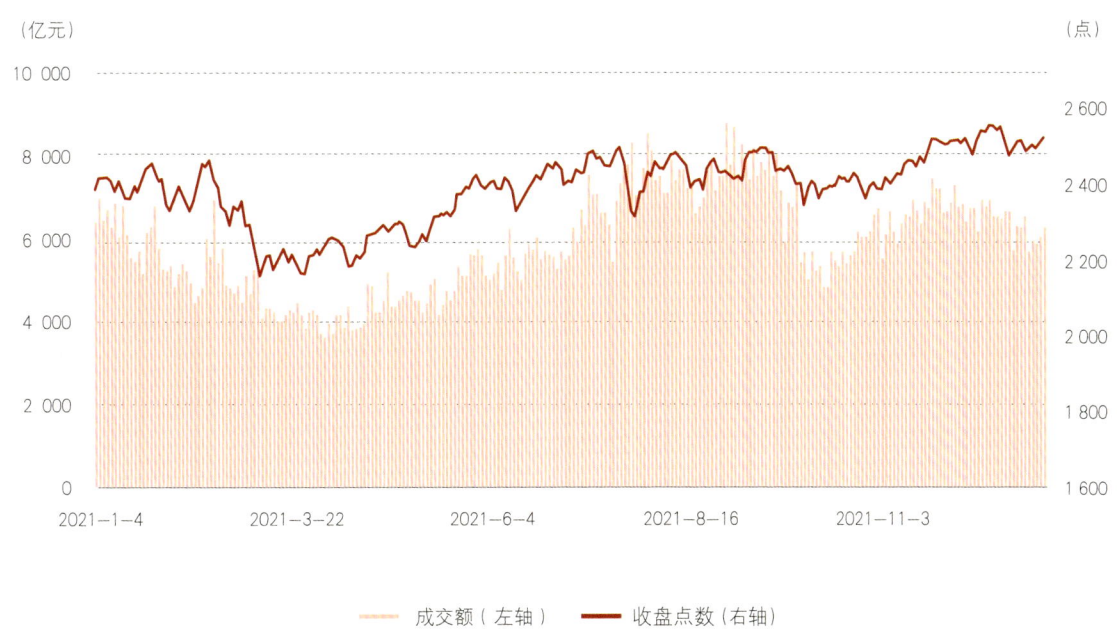

图3-5　2021年深证综指走势

资料来源：中国证监会中央监管信息平台。

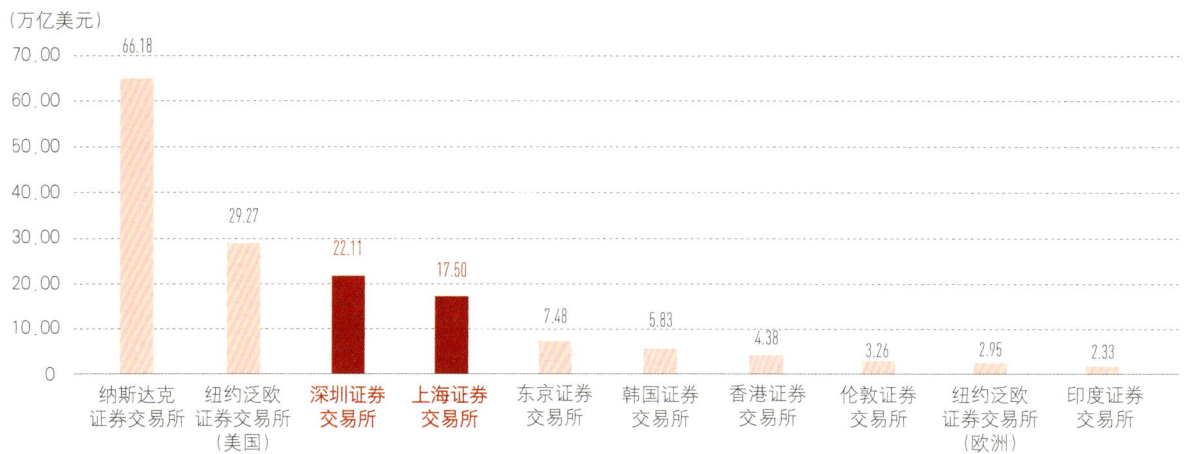

图3-6　2021年世界主要证券交易所股票交易额

资料来源：世界交易所联合会。

持续完善股票发行制度。优化深市板块结构，更好满足不同发展阶段企业的融资需求，按照"两个统一、四个不变"的思路推进深市主板与中小板合并，即统一业务规则，统一运行监管模式，保持发行上市条件不变、投资者门槛不变、交易机制不变、证券代码及简称不变。2021年4月6日，主板与中小板合并正式实施，深市主板恢复了融资功能，板块结构更加优化，市场反响积极。针对新股发行实践中"抱团报价"等情况，优化最高报价剔除比例、允许突破"四个值孰低"定价的机制，平衡好各方利益关系，规范报价行为，促进市场化博弈。扩大红筹企业境内上市试点范围，进一步放开行业限制，支持优质红筹企业在境内发行上市。

完善并购重组监管机制。扎实推动并购重组注册制改革，切实加强对并购重组全流程的监管。指导沪深交易所设立并购重组委、建立独立审核部门、统一审核标准，修订配套审核规则并制定审核指引，完善注册制下并购重组监管安排。持续加强对"三高"重组监管，严格限制违规变更业绩承诺，加强内幕交易监管，约谈未充分履职尽责的中介机构，进一步明确财务顾问执业重点。落实国家宏观调控要求和相关产业政策，针对重点领域和行业的重组交易，严把并购重组入口关，坚决防范资本无序扩张。2021年，上市公司共披露并购重组3 332单，累计交易金额1.78万亿元；中国证监会核准或注册并购重组40单，累计交易金额2 981.42亿元，其中配套融资422.41亿元。

推动退市改革方案落实落地。深入贯彻落实中央批准的退市改革方案，已形成规则基本齐备、分工总体明确、"应退尽退"理念得到普遍认可的良好工作局面。发布营业收入扣除标准，为退市新规中核心财务指标的落地提供保障。稳妥处置康得新等重点公司摘牌，确保"退得下""退得稳"。一批低质量、高风险的"问题公司"和"空壳公司"被动态出清。2021年，28家公司退市，其中17家强制退市，10家重组退市，1家主动退市，强制退市公司家数创历史新高，常态化退市机制正在加速形成；另依据新规对97家公司实施退市风险警示。

完成上市公司法规体系整合。围绕"体系化"目标和"科学、易懂、管用"目的，30年来首次全面启动上市公司监管法规体系整合工作。整合后，中国证监会关于上市公司监管的部门规章以下层级规则、沪深交易所关于上市公司监管的自律监管规则共182件，规则数量压缩60%，形成会、所上下衔接、有机互动、内容趋于一致的法规体系。

持续完善信息披露制度。修订《上市公司信息披露管理办法》，与《中华人民共和国证券法》（2019年第二次修订，以下简称新《证券法》）有效衔接，解决监管实践中的突出问题，进一步完善、细化上市公司信息披露要求。修订年报和半年报格式准则，结合最新市场实践和监管要求，对上市公司年报、半年报内容格式作出规定。

全国股转系统

市场规模。截至2021年末，北京证券交易所（以下简称北交所）上市公司82家，总市值2 722.75亿元。全国股转系统挂牌公司6 932家，其中创新层1 225家、基础层5 707家，总市值2 2845.40亿元（规模变化见表3-2，行业分布见表3-3、表3-4）。新三板市场整体共有合格投资者476.31万户，较2020年末增加310.49万户，其中符合全国股转系统投资者适当性要求的合格投资者196.11万户。

发行情况。2021年，新三板市场累计发行普通股598次，融资金额281.00亿元。其中，41家公司公开发行股票（北交所开市后11家），募集资金合计75.22亿元；532家公司完成股票定向发行557次，募集资金合计205.78亿元，其中122家挂牌公司完成自办发行，融资金额9.61亿元。144家挂牌公司实施并购重组146次，交易金额合计121.21亿元，同比上升34.71%。其中，126家挂牌公司披露收购报告书，交易金额合计80.78亿元，同比上升15.62%；20家挂牌公司披露重大资产重组报告书，交易金额合计40.43亿元，同比上升101.03%。新三板二级市场成交2 815.33亿元，同比上升117.46%。其中，北交所（精选层）成交1 609.80亿元，换手率206.50%；创新层、基础层分别成交898.29亿元、307.24亿元，创新层同比上升37.99%，基础层同比下降16.90%。

表3-2　　　　　　　　　　全国股转系统（北交所）规模变化[①]

	全国股转系统			北交所
	2021年	2020年	同比变化	2021年
市场规模				
挂牌（上市）公司数量	6 932家	8 187家	−15.33%	82家
总股本	4 596.60亿股	5 335.28亿股	−13.85%	122.69亿股
总市值	22 845.40亿元	26 542.31亿元	−13.93%	2 722.75亿元
股票发行				
发行次数	587次	716次	−18.02%	41次
发行股数	52.69亿股	74.54亿股	−29.31%	8.22亿股
融资金额	259.67亿元	338.50亿元	−23.29%	75.22亿元
优先股发行				
发行次数	9次	2次	350.00%	
融资金额	2.08亿元	0.24亿元	766.67%	
股票交易				
成交金额	2 148.16亿元	1 294.64亿元	65.93%	1 609.80亿元
成交数量	309.08亿股	260.42亿股	18.69%	95.86亿股
换手率	17.66%	9.90%	78.38%	206.50%
市盈率	20.48倍	21.10倍	−2.94%	46.66倍

资料来源：全国中小企业股份转让系统。

① 发行、交易数据包含2021年1月1日至11月12日精选层公司数据。

表3-3　　　　　　　　　　　　全国股转系统挂牌公司行业分布

管理型门类行业	2021 年末		2020 年末	
	公司数（家）	占比（%）	公司数（家）	占比（%）
制造业	3 410	49.19	4 016	49.05
信息传输、软件和信息技术服务业	1 351	19.49	1 605	19.60
租赁和商务服务业	364	5.25	422	5.15
科学研究和技术服务业	336	4.85	393	4.80
批发和零售业	293	4.23	362	4.42
建筑业	238	3.43	280	3.42
文化、体育和娱乐业	159	2.29	189	2.31
农、林、牧、渔业	145	2.09	189	2.31
水利、环境和公共设施管理业	138	1.99	152	1.86
交通运输、仓储和邮政业	130	1.88	148	1.81
金融业	85	1.23	101	1.23
电力、热力、燃气及水生产和供应业	84	1.21	104	1.27
房地产业	57	0.82	61	0.75
教育	51	0.74	60	0.73
卫生和社会工作	28	0.40	34	0.42
采矿业	24	0.35	28	0.34
住宿和餐饮业	23	0.33	25	0.31
居民服务、修理和其他服务业	16	0.23	18	0.22
合计	6 932	100	8 187	100

资料来源：全国中小企业股份转让系统。

改革措施。 认真贯彻习近平总书记重要指示精神，按照党中央、国务院的决策部署，以新三板精选层为基础组建北京证券交易所，同步试点证券发行注册，全力推进制度规则、主体设立、技术系统、市场培育和投资者开户等各项准备工作。2021年11月15日，北交所正式揭牌开市，"龙头"撬动作用逐渐发挥，带动新三板形成了层层递进的"金字塔"形良好市场结构，初步构建了服务创新型中小企业主阵地的雏形。坚持系统观念，同步推进创新层、基础层改革。出台可转债制度，允许设置市场化的发行条款，发挥股债结合类产品拓宽中小企业融资渠道的积极作用。优化投资者准入机制，创新层自然人投资者门槛由150万元调降至100万元。丰富特定事项协议转让适用情形，提升交易制度灵活性。开市以来，北京证券交易所日均成交额较2021年8月精选层增长3.04倍，整体年化换手率为434.26%，符合中小市值股票流动性特征。2021年，北京证券交易所股票平均上涨98.90%，市场财富效应初步显现；投资者数量超475万户，是北交所设立消息宣布前的2.8倍；存量公募基金入市交易，8只新设主题基金全部超募。创新层和基础层获得有效带动，全年成交额同比增长18.10%，三板成指、三板做市、创新成指等10只指数全部上涨。

表3-4　　　　　　　　　　　　　　　　北交所上市公司行业分布

管理型行业大类	公司数（家）	占比（%）	本年累计公发金额（亿元）	占比（%）
软件和信息技术服务业	12	14.63	12.67	16.84
医药制造业	8	9.76	8.14	10.83
专用设备制造业	7	8.54	8.62	11.46
仪器仪表制造业	6	7.32	8.08	10.75
计算机、通信和其他电子设备制造业	5	6.10	3.78	5.03
汽车制造业	5	6.10	4.40	5.85
橡胶和塑料制品业	5	6.10	3.97	5.28
专业技术服务业	4	4.88	5.12	6.80
非金属矿物制品业	3	3.66	0	0
化学原料和化学制品制造业	3	3.66	2.69	3.57
电气机械和器材制造业	4	4.88	4.44	5.90
金属制品业	3	3.66	5.34	7.10
生态保护和环境治理业	2	2.44	1.56	2.08
家具制造业	2	2.44	1.21	1.61
通用设备制造业	2	2.44	0	0
农副食品加工业	2	2.44	1.45	1.93
科技推广和应用服务业	1	1.22	0	0
公共设施管理业	1	1.22	0	0
燃气生产和供应业	1	1.22	0	0
电信、广播电视和卫星传输服务	1	1.22	0	0
食品制造业	1	1.22	2.11	2.81
商务服务业	1	1.22	0	0
化学纤维制造业	1	1.22	1.63	2.16
有色金属冶炼和压延加工业	1	1.22	0	0
零售业	1	1.22	0	0
合计	82	100	75.22	100

资料来源：全国中小企业股份转让系统。

区域性股权市场

区域性股权市场在多层次资本市场体系中的地位进一步提升，服务中小微企业的包容度和覆盖面持续拓展，融资功能作用不断增强，改革发展稳定各项工作取得积极进展。截至2021年12月，区域性股权市场共有挂牌公司3.66万家，展示企业13.44万家。累计实现各类融资1.63万亿元，其中股权融资0.36万亿元，债券融资0.44万亿元，股权质押融资0.58万亿元，其他融资0.25万亿元。服务企业中累计转沪深交易所上市69家，转新三板挂牌736家，被上市公司和新三板挂牌公司收购58家，改制为股份公司5 246家。

交易所债券市场

市场概况

市场规模。截至2021年末,交易所债券市场托管面值达18.68万亿元(见图3-7),同比增长14.39%,占全市场规模的14.16%。交易所市场非金融公司债(包含公司债、可转债、可交换债,资产证券化产品)托管量为11.63万亿元,同比增长2.5%,占全市场规模的43.15%。截至2021年末,交易所债券市场存量债券24 586只,其中政府债券3 294只,政策性金融债33只,企业债(含铁道公司债)2 074只,公司债12 435只,资产支持证券6 461只。

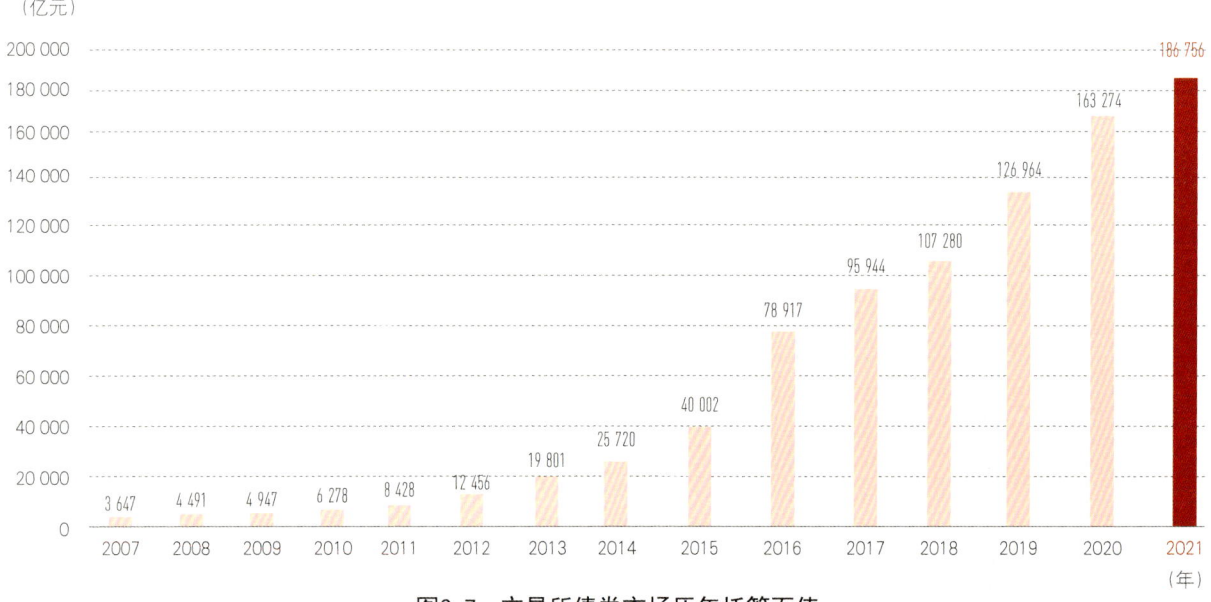

图3-7 交易所债券市场历年托管面值

资料来源:中证数据有限责任公司。

融资情况。2021年,交易所债券市场发行各类债券(含公司债券、资产支持证券、地方政府债券、政策性金融债券)6 561只,融资约8.66万亿元(见图3-8),同比增长2.09%,占全国债券市场融资额的14.08%;扣除本金兑付后,净融资5.07万亿元,占全国债券市场净融资额的29.12%。其中,非金融企业通过交易所债券市场融资3.51万亿元,占非金融企业债券融资的28.13%;扣除本金兑付后,净融资1.56万亿元,占非金融企业债券净融资额的56.73%。分品种看,发行公司债券4 638只,融资4.86万亿元,同比增长7.28%。其中,非金融企业本年累计发行公司债券3.51万亿元,同比增长1.84%;发行资产支持证券1 413只,融资1.55万亿元,同比增长6.16%;发行地方政府债券489只,融资2.19万亿元;发行政策性银行债21只,融资586.10亿元。

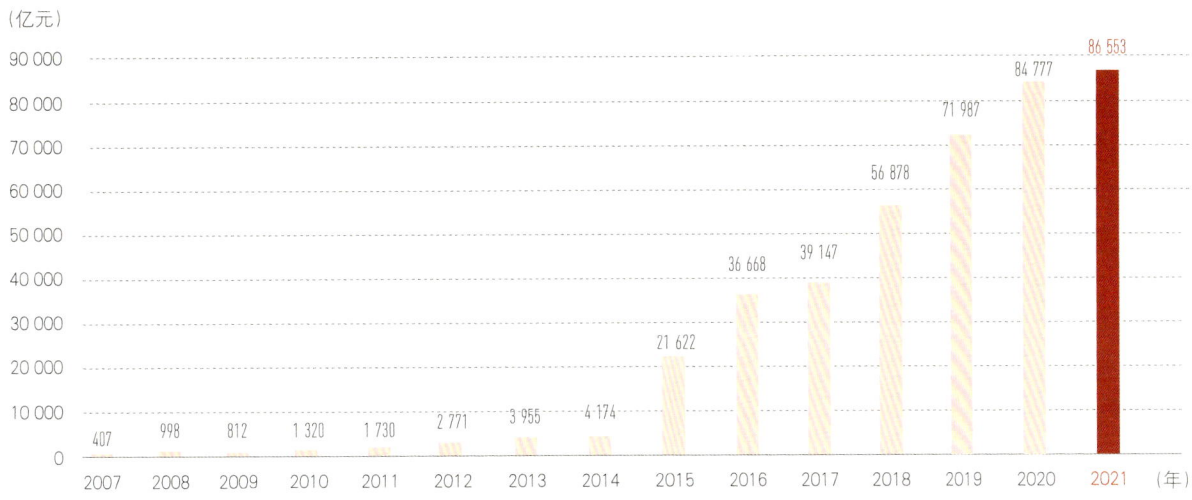

图3-8 交易所债券市场历年融资金额

资料来源：中证数据有限责任公司。

积极探索债券品种创新

交易所债券市场稳步推进债券品种创新（见表3-5），持续深化落实国家战略，服务实体经济。继续大力支持绿色金融发展，2021年交易所市场累计发行绿色债券（含ABS）138单，发行规模1 235.31亿元。进一步拓宽创新创业企业债券融资渠道，2021年创新创业公司债券累计发行48单，发行规模328.17亿元。持续以市场化方式支持民营企业债券融资，引导市场增强对民企债券的投资信心，发行信用保护合约及凭证65单，名义本金共计53.08亿元，发行债券金额588.82亿元。持续助力实体经济融资，推进可续期公司债券试点，发行可续期公司债券222单，金额2 659.10亿元。推进住房租赁资产证券化，助力盘活住房租赁存量资产，提高资金使用效率，发行住房租赁ABS共6单，金额70.90亿元。

表3-5　　　　　　　　　　　　　2021年交易所债券市场创新品种情况

创新品种	2021年发行数量（单）	2021年发行金额（亿元）
绿色债券（含ABS）	138	1 235.31
创新创业公司债券	48	328.17
信用保护合约及凭证	65	588.82
可续期公司债券	222	2 659.10
住房租赁资产证券化	6	70.90

资料来源：中证数据、上交所、深交所。

稳妥发展资产证券化

坚决贯彻落实党中央、国务院关于支持实体经济发展的决策部署，积极支持符合条件的各类基础资产通过交易所债券市场发行资产支持证券。2021年，企业资产支持证券发行1.55万亿元，约占全市场各类资产证券化产品的50.36%。其中，继续依托企业资产证券化探索知识产权证券化可行模式，2021年交易所债券市场共发行42只知识产权资产支持证券，发行规模约为95亿元。

推进优化交易所债券市场品种结构

持续推进地方性政府债券和政策性金融债券在交易所债券市场发行，优化交易所债券市场品种结构。坚决贯彻落实党中央、国务院关于地方政府债务管理的重要决策部署，促进地方债市场持续健康发展，助力财政政策更好发挥作用，2021年交易所市场共发行地方政府债券2.19万亿元。与人民银行等相关部门积极沟通，有序推进政策性金融债券在交易所市场发行，2021年交易所市场共发行政策性金融债586.10亿元。

持续完善交易所债券市场制度

发布《公司债券发行与交易管理办法》。修订完善《公司债券发行与交易管理办法》，并于2021年2月26日正式发布实施，进一步夯实公司债券注册制的制度基础，加强事中事后监管，压实发行人、中介机构责任；同时，相应修订《公开发行证券的公司信息披露内容与格式准则第24号——公开发行公司债券申请文件》，对注册制下公开发行公司债券申请文件的具体内容与格式进行完善，并于2021年12月23日发布实施。

发布公司债券审核重点关注事项。为优化公司债券发行融资监管，提高审核透明度，推动债券市场高质量发展，中国证监会指导沪深交易所分别制定《上海证券交易所公司债券发行上市审核规则适用指引第3号——审核重点关注事项》《深圳证券交易所公司债券发行上市审核业务指引第1号——公司债券审核重点关注事项》，并于2021年4月22日正式发布。

推动基础设施REITs试点落地。为贯彻落实党中央、国务院关于防风险、去杠杆、稳投资、补短板的决策部署，积极支持国家重大战略实施，中国证监会与发展改革委联合发布《关于推进基础设施领域不动产投资信托基金（REITs）试点相关工作的通知》，推动基础设施REITs试点。2021年6月21日，首批基础设施REITs在沪深交易所挂牌上市，标志着基础设施公募REITs正式落地。截至2021年末，11只基础设施REITs共计募集资金364亿元，涉及高速公路、水务环保、垃圾处理、仓储物流、产业园区等大类资产，募集资金重点用于科技创新、绿色发展和民生补短板领域。基础设施REITs上市后，截至2021年末，成交价格总体上行，收盘价格较发行价平均上涨25%，日均成交量5 707万份，日均成交金额2.95亿元，日均换手率为2.58%，市场运行平稳，试点效果良好。

健全市场化、法治化的债券违约处置制度。沪深交易所出台募集说明书投资人保护条款示范文本，在募集说明书中增加对资产转让、过度负债、股东分红等行为的约束性条款，保护债券持有人合法权益。配合相关部委出台金融机构债权人委员会工作规程，畅通处置渠道，结合个案实践研究完善相关制度安排。梳理总结债券违约风险处置良好经验，丰富风险处置应对工具箱，充实不同情形下的分类处置措施。

期货与衍生品市场

市场发展情况。 截至2021年末，期货与衍生品市场品种（见表3-6）总数达到94个，包括64个商品期货，20个商品期权，6个金融期货和4个金融期权。

交易情况。 2021年期货市场资金额和规模不断扩大，截至年末，总资金12 607.04亿元，同比增长42.93%，有效客户数205.26万个，同比增加10.16%，日均交易客户数达到63.27万个。以单边计，期货市场合计成交72.69亿手，同比增加20.61%，成交金额580.71万亿元，同比增加32.79%（见图3-9）。其中，商品期货成交71.77亿手，同比增加21.06%，成交金额462.79万亿元，同比增加43.72%；金融期货成交0.92亿手，同比减少6.85%，成交金额117.92万亿元，同比增加2.27%。金融期货成交量和成交额分别占全市场的1.26%和20.31%。

2021年，以单边计，期权市场合计成交16.87亿手（张），同比增加26.09%，成交金额13 936.16亿元，同比增加34.84%（见表3-7）。其中，商品期权（包含铜、锌、铝、黄金、橡胶、白糖、棉花、甲醇、PTA、菜籽粕、动力煤、豆粕、玉米、铁矿石、液化石油气、聚丙烯、线型低密度聚乙烯、聚氯乙烯、原油、棕榈油期权）市场成交2.15亿手，同比增加97.18%，成交金额2 627.76亿元，同比增加134.07%；金融期权市场（含沪深交易所）成交14.72亿手（张），同比增加19.78%，成交金额11 308.40亿元，同比增加22.75%。

从全球范围看，根据美国期货业协会（FIA）对全球期货交易的统计，2021年我国期货市场成交量排名全球第四，持仓量排名全球第五；其中，商品期货市场成交量排名全球第一，持仓量排名全球第二（见表3-8）。

表3-6　　　　　　　　　　　　　各交易所交易品种

交易所	交易品种
上海期货交易所	铜、铝、锌、铅、锡、镍、黄金、白银、螺纹钢、线材、热轧卷板、燃料油、石油沥青、天然橡胶、原油、纸浆、不锈钢、20号胶、低硫燃料油、国际铜期货，铜、黄金、橡胶、锌、铝、原油期权
郑州商品交易所	强麦、普麦、棉花、白糖、早籼稻、粳稻、晚籼稻、菜籽油、油菜籽、菜籽粕、鲜苹果、精对苯二甲酸（PTA）、甲醇、玻璃、动力煤、硅铁、锰硅、棉纱、尿素、纯碱、红枣、短纤、花生期货，白糖、棉花、甲醇、PTA、菜籽粕、动力煤期权
大连商品交易所	玉米、玉米淀粉、黄大豆1号、黄大豆2号、豆粕、豆油、棕榈油、鸡蛋、胶合板、纤维板、线性低密度聚乙烯（LLDPE）、聚氯乙烯（PVC）、聚丙烯（PP）、焦炭、焦煤、铁矿石、乙二醇、苯乙烯、粳米、液化石油气、生猪期货，豆粕、玉米、铁矿石、液化石油气、聚丙烯、线型低密度聚乙烯、聚氯乙烯、棕榈油期权
中国金融期货交易所	沪深300股指期货、上证50股指期货、中证500股指期货、5年期国债期货、10年期国债期货、2年期国债期货，沪深300股指期权
上海证券交易所	华夏上证50ETF期权、华泰柏瑞沪深300ETF期权
深圳证券交易所	嘉实沪深300ETF期权

资料来源：中国期货市场监控中心、上交所、深交所。

投资者情况。 2021年，以双边计，期货市场法人客户与个人客户成交量分别为57.79亿手和87.60亿手，同比分别增加37.75%与11.41%。法人客户和个人客户成交金额分别为503.55万亿元和657.97万亿元，同比分别增加53.95%和20.14%。法人客户成交金额占比43.35%，较2020年增加5.96个百分点。

加强期货市场建设。 中证商品指数有限责任公司于2021年3月31日在河北雄安新区市民服务中心举行开业仪式，广州期货交易所于2021年4月19日正式揭牌。健全期货、期权市场品种体系，2021年共上市生猪期货、花生期货、原油期权、棕榈油期权4个新品种，重大民生品种取得突破。

完善期货市场规则体系。 积极推进期货和衍生品法立法工作，期货和衍生品法已经全国人大常委会二读审议通过。期货交易所修改业务细则76个。起草《期货公司子公司管理暂行办法（征求意见稿）》并向社会公开征求意见。修订发布《期货公司保证金封闭管理办法》，强化期货保证金安全监控。修订制定期货公司分类评价操作指引、工作规程，完成年度分类评价工作。指导期货业协会发布《期货公司居间人管理办法（试行）》《期货风险管理公司风险控制指标管理办法（试行）》，保护投资者合法权益、提升监测监控能力。

图3-9 期货市场成交量及成交金额走势（2010—2021年）

资料来源：中国期货市场监控中心。

表3-7　　　　　　　　期货和期权的成交量、成交额及其同比变化情况

类型	期货				期权			
	成交量（亿手）	成交量同比变化（%）	成交额（万亿元）	成交额同比变化（%）	成交量（亿手）	成交量同比变化（%）	成交额（亿元）	成交额同比变化（%）
商品类	71.77	21.06	462.79	43.72	2.15	97.18	2 627.76	134.07
金融类	0.92	-6.85	117.92	2.27	14.72	19.78	11 308.40	22.75
合计	72.69	20.61	580.71	32.29	16.87	26.09	13 936.16	34.84

资料来源：中国期货市场监控中心、上交所、深交所。

表3-8　　　　　　　2021年全球场内衍生品、商品衍生品成交量及持仓量排名

排名	全部衍生品（包括商品和金融）				其中：商品衍生品			
	国家或地区	成交量（亿手）	国家或地区	持仓量（亿手）	国家或地区	成交量（亿手）	国家或地区	持仓量（亿手）
1	印度	190.67	美国	5.83	中国	73.92	美国	5 351.99
2	美国	152.32	巴西	1.40	美国	13.17	中国	2 758.42
3	巴西	87.56	德国	1.29	英国	7.19	英国	1 767.51
4	中国	75.14	英国	0.43	俄罗斯	7.19	德国	380.76
5	韩国	22.82	中国	0.29	印度	1.89	俄罗斯	176.19
6	俄罗斯	21.02	印度	0.20	土耳其	1.33	新加坡	166.24
7	土耳其	20.81	法国	0.18	新加坡	0.31	土耳其	105.94
8	德国	17.11	土耳其	0.17	法国	0.21	法国	104.52
9	英国	13.31	加拿大	0.11	日本	0.17	印度	40.20
10	日本	4.02	俄罗斯	0.11	马来西亚	0.16	巴西	35.28

资料来源：FIA对全球33个国家或地区的85家交易所的成交量和持仓量统计，中国未包含沪深交易所衍生品数据。

基金市场

公募基金

截至2021年末,全国基金管理人管理公募基金规模25.56万亿元,存续产品9 152只(见表3-9);基金公司及其子公司私募资产管理业务规模7.39万亿元;受托管理社保基金规模1.44万亿元;受托管理基本养老金规模7 232.60亿元;受托管理年金(含企业年金、职业年金)规模1.83万亿元。全年完成1 864只产品注册。

表3-9　　2021年末证券投资基金数　　(单位:只)

封闭式	开放式					合计
	股票型基金	混合型基金	货币市场基金	债券型基金	QDII	
1 175	1 756	3 879	333	1 810	199	9 152

资料来源:中国证监会。

私募基金

截至2021年末,基金业协会已备案私募基金数量12.4万只,管理基金规模19.76万亿元,同比分别增长28.2%和23.7%。其中,私募证券投资基金管理人9 000余家,管理正在运作基金数量7.65万只,管理规模6.17万亿元;私募股权、创业投资基金管理人15万家,管理正在运作基金数量4.55万只,管理规模12.81万亿元;其他基金管理人520家,管理正在运作基金数量2 054只,管理规模0.78万亿元。

资本市场经营机构

证券经营机构

截至2021年12月底，全国共有证券公司140家，证券公司总资产为10.59万亿元，净资产2.57万亿元，净利润1 911.54亿元。

期货经营机构

截至2021年末，全国共有期货公司150家，注册资本987.07亿元，总资产（含客户资产）13 812.31亿元，净资产1 614.46亿元，客户保证金11 807.15亿元，实现净利润136.69亿元。

基金经营机构

公募基金。截至2021年末，全国共有137家基金管理公司，基金管理公司总资产3 248.34亿元，净资产2 237.32亿元，净利润520.81亿元，取得公募资格的资产管理机构14家。2021年全年完成1 864只产品注册。截至2021年末，全行业公募基金管理人管理基金规模25.56万亿元；证券基金经营机构管理的私募资管计划存续规模为16.93万亿元。

私募基金。截至2021年末，基金业协会已登记私募基金管理人2.46万家。私募基金管理人在从业人员管理平台完成注册的全职员工18.11万人，其中取得基金从业资格的员工15.97万人。私募基金管理人平均管理规模8.03亿元。

证券投资咨询机构发展情况

截至2021年末，全国共有83家证券投资咨询机构，证券投资咨询机构总资产158.77亿元，营业收入121.96亿元，净利润9.75亿元。

中介服务机构发展情况

有序开展律师事务所从事证券法律业务备案工作。截至2021年末，共有551家律师事务所完成首次备案。

截至2021年末，已完成证券服务业务备案的会计师事务所80家，分布在北京、上海等17个省（直辖市、自治区）；分所1 013家，分布在全国各省（直辖市、自治区）；注册会计师人数3.46万人，占全国注册会计师人数的约35.5%。

截至2021年末，已完成证券服务业务备案的资产评估机构225家，分布在北京、上海等28个省（直辖市、自治区）；分支机构522家，分布在除青海外的全国各省（直辖市、自治区）；资产评估师8 508人，占全国资产评估师人数的约20%。

截至2021年末，通过从事证券服务业务首次备案的共13家评级机构中，完成重大事项备案的共129家次，完成2020年度备案的共12家评级机构。

服务实体经济

支持实体企业发展

服务科技创新

支持乡村振兴

助力绿色低碳转型

支持应对大灾大疫

支持实体企业发展

支持中小微企业发展。 2021年，共有532家企业在新三板完成股票定向发行557次，融资金额205.78亿元；以"打造服务创新型中小企业主阵地"为定位的北京证券交易所于2021年11月15日正式揭牌成立，共11家公司公开发行登陆北交所，融资金额75.22亿元。区域性股权市场为中小微企业实现各类融资2 448亿元。交易所债券市场为中小微企业发行公司债券3 010.45亿元。截至2021年末，期货公司及风险管理公司与实体产业客户开展基差贸易，累计为中小微企业提供服务贸易额2 974.15亿元；通过提供仓单服务业务，累计为中小微企业提供资金175.28亿元。期货行业通过以上两项业务累计服务中小微企业13 556家次。

纾解民营企业融资困境。 交易所债券市场积极推进信用保护工具和民营企业债券融资支持工具，开展信用保护凭证业务试点，以市场化方式支持民营企业债券融资。截至2021年末，交易所市场共创设94单信用保护合约、44单信用保护凭证，共支持40家民营企业债券融资402亿元，其中民营企业债券融资支持工具19单，共支持15家企业发行债券116亿元。证券机构持续实施支持民营企业发展系列资产管理计划，截至2021年末，已有57家证券公司及其子公司共成立130只支持民营企业发展系列资产管理计划和192只子计划，出资规模总计959.1亿元，撬动外部资金403.8亿元。

支持国有企业改革。 切实发挥资本市场并购重组服务实体经济功能，助力国有上市公司加快资源整合和深化改革。2021年，"中国能建"吸收合并"葛洲坝"、"王府井"吸收合并"首商股份"、"龙源电力"吸收合并"ST平能"等，32家国有上市公司资产重大资产重组相继实施。

专栏：北京证券交易所正式揭牌开市

2021年11月15日，北京证券交易所揭牌暨开市仪式在北京举行。北京市委书记蔡奇，中国证监会主席易会满出席仪式，共同为北交所揭牌并鸣钟开市。易会满主席、北京市委副书记、市长陈吉宁在仪式上致辞。中宣部、中央网信办、全国人大法工委、最高人民法院、最高人民检察院、国家发展改革委、科技部、工信部、公安部、财政部、人民银行、银保监会等单位有关负责同志和部门负责同志出席仪式。北交所正式揭牌开市，这是我国资本市场改革发展的又一标志性事件，对于促进多层次资本市场高质量发展、探索具有中国特色资本市场普惠金融之路和落实创新驱动发展国家战略等都具有十分重要的意义。下一步，中国证监会将认真学习贯彻习近平总书记重要讲话精神和党中央、国务院决策部署，会同有关各方，持续深化新三板改革，办好北交所，着力打造服务创新型中小企业主阵地，建设一个规范、透明、开放、有活力、有韧性的资本市场，为经济高质量发展和努力实现第二个百年奋斗目标积极贡献力量。

服务科技创新

支持符合条件的科技创新企业利用资本市场融资。2021年,共有361家企业在科创板、创业板首发上市,融资3 504.15亿元。交易所债券市场累计发行创新创业公司债券48单,发行规模328.17亿元。共有37家高新技术企业在新三板公开发行股票,融资70.54亿元;385家高新技术企业定向发行股票405次,融资139.30亿元。新三板市场涌现了一批"小特精专"企业,有783家公司被评为"专精特新'小巨人'",59家成长为"单项冠军"企业,65家获得国家科学技术奖。截至2021年末,私募基金在投各类股权项目本金8.08万亿元,其中投向高新技术企业、初创科技型企业本金占比分别为27.7%、5.2%。适用反向挂钩退出的私募股权、创投基金920单,退出环境明显改善。

完善科创属性评价体系。修订《科创属性评价指引(试行)》,新增研发人员占比超过10%的常规指标,以充分体现科技人才在创新中的核心作用;按照支持类、限制类、禁止类分类界定科创板行业领域,建立负面清单制度;在咨询委工作规则中完善专家库和征求意见制度,形成监管合力。

专栏:私募股权和创业投资份额转让试点助力科技创新

中国证监会分别于2020年12月、2021年11月正式批复同意在北京股权交易中心、上海股权托管交易中心开展私募股权和创业投资份额转让试点。截至2021年末,北京试点已完成12单份额转让项目,成交金额共计10.41亿元,在谈项目30余单,涉及金额约600亿元,交易资产包括国企改革发展基金、半导体产业基金等;上海试点于2021年12月2日启动,已完成3单政府投资基金、国有基金份额转让项目,成交金额共计6.68亿元,1单民营基金份额转让中。

份额转让试点建立了买方和卖方的对接平台。基金份额交易金额不断扩大,活跃了市场。政府部门支持、市场参与者共建、各行业协会服务的发展生态初步形成。份额转让试点进一步完善了基金退出的市场化方式,与传统退出方式形成有益补充,促进了金融与产业资本的良性循环。

支持乡村振兴

积极支持脱贫地区企业利用多层次资本市场融资。 2021年，共计24家脱贫地区企业首发上市，融资172.61亿元。共计9家农牧业企业首发上市，融资86.76亿元，共计16家农牧业企业完成再融资，融资375.11亿元。2021年，全国股转公司对涉及脱贫地区挂牌企业的普通股及优先股发行实行"绿色通道"，采取"专人审查、优先审查"政策，提高融资效率，共完成13单脱贫地区挂牌公司定向发行审查，融资金额约8亿元。交易所债券市场推出乡村振兴公司债券，截至2021年末，交易所债券市场累计发行扶贫公司债及资产支持证券873亿元，发行乡村振兴公司债71亿元。

稳步扩大"保险+期货"试点。 2021年，上期所、郑商所和大商所等3家商品期货交易所在黑龙江、陕西、云南等29个省（直辖市、自治区）开展331个"保险+期货"项目，涉及天然橡胶、白糖、棉花、苹果、红枣、大豆、玉米、鸡蛋、豆粕、生猪、花生11个品种，预计保障现货规模约417万吨，承保土地面积约970万亩，为约70万农户提供价格和收入保障。

引导行业机构结对帮扶。 证券业协会和期货业协会接续推动行业结对帮扶。截至2021年末，共有102家证券公司结对帮扶323个脱贫县，其中共有54家证券公司结对帮扶70个国家乡村振兴重点帮扶县；119家期货公司与329个脱贫县签署结对帮扶协议，其中共有55家期货公司结对帮扶74个国家乡村振兴重点帮扶县，期货行业2021年共投入帮扶资金1.39亿元。

专栏：证券业协会接续推动行业结对帮扶

2016年以来，在中国证监会统一部署下，证券业协会号召动员证券公司开展"一司一县"结对帮扶工作，助力国家级贫困县脱贫摘帽取得良好成效。为号召行业乘势而上、接续奋斗，切实做好巩固拓展脱贫攻坚成果同乡村振兴有效衔接各项工作，证券业协会于2021年5月22日在第七次会员大会上发布了《巩固拓展结对帮扶成果 担当推进乡村振兴新使命倡议书》，号召行业持续巩固"一司一县"结对帮扶成果，接续推进乡村振兴新发展，为实现农业高质高效、乡村宜居宜业、农民富裕富足的良好格局贡献行业力量。据统计，截至2021年末，共有102家证券公司结对帮扶307个脱贫县，其中共有51家证券公司结对帮扶66个国家乡村振兴重点帮扶县。各公司立足"一司一县"，发挥专业特长和优势，多措并举助力结对帮扶县实现产业、人才、文化、生态、组织等方面的全面振兴。

2021年10月，在中国证监会的指导下，证券业协会按照"统一组织、独立运作、协同行动、提升形象"的原则，组织证券行业发起促进乡村振兴公益行动。首批发起人共52家证券公司，首期承诺公益投入3.3亿元。证券行业促进乡村振兴公益行动将致力于三个方面：一是巩固"一司一县"结对帮扶，促进乡村振兴。二是深耕"一司一县"结对帮扶，践行新发展理念。三是扎根"一司一县"结对帮扶，促进共同富裕。为进一步贯彻落实党中央、国务院决策部署，推动证券行业服务国家战略、践行新发展理念、促进高质量发展，证券业协会在证监会的指导下，研究修订了评价指标，从服务乡村振兴、践行新发展理念、参与社会公益等方面明确导向，细化要求，督促证券行业持续加大社会责任投入，促进在共同富裕的工作中发挥更大作用。

助力绿色低碳转型

支持符合条件的绿色低碳企业融资。 2021年，沪深交易所支持生态环保和环境治理行业的企业首发上市融资及再融资160.59亿元。共23家绿色技术类挂牌公司在新三板定向发行股票24次，融资8.94亿元。

积极发展绿色低碳类指数和绿色基金。 2021年，中证指数有限公司发布34条环境、社会和公司治理（ESG），可持续发展，环保产业，新能源等绿色金融指数，其中股票指数22条、债券指数12条。深交所发布"国证CIKD碳中和科技动力指数""创业板碳中和科技动力指数"两条碳科技指数。积极促进绿色投资，截至2021年末，我国绿色主题的公募基金共计180只，规模达到4 292.48亿元，同比增长120%。

持续推动绿色金融发展。 2021年4月，中国证监会与人民银行、发展改革委联合发布《绿色债券支持项目目录（2021年版）》，实现绿色债券相关管理部门对绿色项目界定标准的统一。2021年，交易所市场累计发行绿色债券（含ABS）138单，发行规模1 235亿元。2021年2月，交易所市场推出碳中和绿色债，全年累计发行碳中和债券64单，发行规模700.85亿元。

稳步推进上市公司ESG信息披露。 修订公开发行证券的公司信息披露内容与格式准则，新增环境和社会责任章节，鼓励上市公司加强ESG信息披露。中国上市公司协会与中证指数有限公司联合发布《中国上市公司ESG发展白皮书》（2021年）。

专栏：碳中和绿色债券登陆交易所债券市场

碳中和债券作为绿色债券的一个子品种，其募集资金主要用于经认证具有碳减排效益的绿色产业项目，通过节能减排、充分使用可再生能源等方式，减少碳排放，致力于推动绿色发展。

2021年2月26日，深圳市地铁集团有限公司2021年面向专业投资者公开发行绿色公司债券（第一期）（专项用于碳中和）在深交所完成发行，发行规模10亿元，是基础设施绿色升级领域的首只碳中和绿色债。城市轨道交通项目建设，具有节能、省地、运量大、污染少且安全等特点，是促进低碳发展的有效途径。本次债券募集资金全部用于电气化清洁轨道交通类项目，预计碳减排效应显著。2021年3月1日，国家能源投资集团有限责任公司、国家电力投资集团有限公司、中国华能集团有限公司发行上交所市场首批碳中和绿色债券。首批发行人中，国家能源集团具有丰富的碳资产管理业务经验，此次发行金额50亿元，募集资金主要用于具有碳减排效益绿色项目的建设、运营、收购以及偿还贷款。国家电投发行金额5亿元，募集资金主要投向山东海阳核电项目。该项目与同等火力发电上网电量相比，每年可减排二氧化碳超过1 300万吨。华能集团是我国首家成立"碳中和"研究所的电力央企，此次发行金额20亿元，募集资金主要用于乌科、瓦库、尖山风电项目，该项目不产生二氧化碳、烟尘等污染物排放，具有显著的碳减排效益。

支持应对大灾大疫

支持防疫抗疫。2021年，共有10家防疫抗疫企业首发上市，融资67.85亿元；共有42家防疫抗疫企业在新三板市场定向发行股票，融资金额28.34亿元。交易所债券市场共发行疫情防控公司债产品9只，共26亿元。2021年共允许32家次受新冠肺炎疫情影响的上市公司依规延长并购重组财务资料有效期；引导尚在业绩承诺期的企业充分披露受疫情影响情况，在严格履行股东大会等决策程序后适当延长或调整承诺，稳定各方预期，促进企业稳定经营。

支持防汛救灾。2021年7月20日，河南遭遇历史罕见特大暴雨，引发多地严重洪涝灾害。为全力支持河南地区应对灾情，沪深交易所免收注册地在河南省的上市公司2021年上市初费、上市年费以及股东大会网络投票服务费。郑商所、沪深交易所、中国结算等证券自律性组织向河南省慈善总会捐赠防汛救灾资金合计超过7 000万元，驰援河南防汛救灾和灾后重建工作。

专栏：新三板市场积极支持河南防汛救灾

2021年7月，河南省多地连降暴雨引发洪涝灾害，造成重大人员伤亡和财产损失，灾后重建、恢复生产等任务十分艰巨。为深入贯彻落实习近平总书记对防汛救灾工作作出的重要指示精神和党中央、国务院相关决策部署，切实履行社会责任和使命担当，7月22日，全国股转公司党委决定向河南省慈善总会捐款200万元，用于河南省防汛救灾和灾后重建，助力受灾群众渡过难关。河南灾情发生后，新三板挂牌公司迅速响应，彰显了高度的社会责任感和使命担当。一是积极向灾区捐赠现金、物资。据不完全统计，121家挂牌公司通过红十字会、扶贫基金会等累计向灾区捐助现金、食品等救援物资2 500余万元。河南地区挂牌公司在开展自救的同时主动承担社会责任。例如，汇博医疗累计向当地各大医院捐赠价值合计约110余万元物资，西施兰捐赠现金70万元。二是部分挂牌公司发挥专长，以科技和专业力量助力抗洪抢险。例如，寰宇信息投入自身卫星遥感、航空摄影设备，并派出6个飞行编队机组等共计30余人参与抗洪救灾。德蕴电器派出一行14名专业电力抢修人员，参加电力设施抢修，保障灾区正常供电。

市场监管与法治

强化日常监管

稽查执法和打非清整

防范化解金融风险

资本市场法治建设和提高证券违法成本

强化日常监管

深化行政审批制度改革

全面实行行政许可事项清单管理，配合国务院办公厅编制完成《法律、行政法规、国务院决定设定的行政许可事项清单》。推行涉企经营许可"证照分离"改革全覆盖，制定并公布《中国证监会关于深化"证照分离"改革 进一步激发市场主体发展活力实施方案》，对"资信评级机构从事证券服务业审批""财务顾问机构从事证券服务业审批"2项涉企经营事项落实备案管理规定，对"证券公司设立、变更重大事项审批"等13项涉企经营事项持续优化审批服务。全面优化行政许可窗口服务，完善并严格落实受理服务中心首问负责制度、答复口径标准化制度、一次性告知制度、行政许可批文发放管理制度，强化工作人员窗口意识、服务意识，切实提升企业和群众的获得感。

强化交易所股票市场监管

加强程序化交易监管，以"看得清、管得住"为目标，引导程序化交易规范发展，深入研究境外监管经验，立足我国国情，坚持稳中求进、试点先行，在可转债市场建立程序化交易报告制度，基本实现了投资者"应报尽报"。推进货银对付（DVP）改革，研究推动DVP改革工作，启动修订《证券登记结算管理办法》，指导中国结算制定《结算规则》，修订《结算备付金管理办法》，做好公开征求意见准备。指导中国结算发布《证券账户非现场开户实施细则》，强化风控要求，细化业务流程，允许开户代理机构在加强合规管理和内部风控的前提下自主选择开户方式。指导中国结算修订发布《中国证券登记结算有限责任公司上海分公司创新企业境内发行存托凭证登记结算业务指南》，上线存托人差异化收取存托服务费系统。

加强上市公司规范运作监管

加强上市公司财务信息披露监管。 借助科技监管系统并联合一线监管力量，审阅869家上市公司年度财务报告，关注重大会计处理问题及财务风险事项，发布《2020年上市公司年报会计监管报告》，积极引导市场主体提高财务信息披露质量。发布《监管规则适用指引——会计类第2号》，对14个市场反应较多的争议性会计问题进行明确，及时回应市场关切。

推进上市公司治理专项行动。 落实《国务院关于进一步提高上市公司质量的意见》要求，全面启动上市公司治理专项行动。通过公司自查、现场检查、整改提升3个阶段，抓重点、补短板、强弱项，推动上市公司治理水平全面提升。完成专项行动第一阶段自查工作，3 867家公司提交了自查报告，完成对上市公司治理状况的全面摸底。推动第二阶段现场检查工作有序展开。

打击上市公司各类违法违规行为。 截至2021年12月底，上市公司监管条线对上市公司及相关方采取监管措施709家次、自律监管措施10 399家次、纪律处分205家次。

加强非上市公众公司监管

夯实监管基础。 制定《非上市公众公司分类指引（试行）》，完善分类监管规则体系。确定485家公司重点监管，对一般类公司加强培训和引导。强化信息披露监管，指导各证监局对153家挂牌公司开展年报现场检查，其中联合检查46家次。部署开展公司治理专项活动，摸清治理结构薄弱环节，督促公司整改规范，及时查处突出问题。明确北交所上市公司监管安排，制定发布《北京证券交易所上市公司持续监管办法》，配套出台规范性文件11件、自律规则14件。召开全系统加强北交所上市公司监管专项工作会议，印发《关于加强北京证券交易所上市公司持续监管若干工作安排的通知》，明确监管安排，压实证监局、北交所一线监管职责，初步构建北交所上市公司监管体制机制。组织对北交所上市公司实际控制人等"关键少数"开展政策宣讲，加强对证监局、北交所监管人员的培训。

依法从严加强监管。持续做好风险防范处置，常态化开展风险监测预警，密切关注北交所设立以来市场生态变化引致的新情况新问题，加强对市场热点问题及重要风险的预研预判。健全风险处置机制，优化监管事项日常报送、重大风险事项报告制度，持续跟踪风险事项处置进展，做好信访举报答复工作，妥善应对和处置重大风险。推进监管工作标准化规范化，制定新三板市场主要案件立案标准，明确监管底线要求，维护新三板市场秩序，加大对重点违法行为打击力度。加大案件查处力度，严格防范财务造假、违规披露、资金占用、违规担保等违法违规行为。加大案件查处力度，全年共7家公司被立案稽查，采取行政处罚4次，实施行政监管措施224次。

加强交易所债券市场监管

加强债券发行人监管，开展公司债券发行人现场检查158家次，走访调研192余家次，对债券发行人采取62项行政监管措施，对57名责任人员采取行政监管措施。强化发行人履行信息披露责任义务，对47家未及时披露年报的发行人集中采取行政监管措施。

加强期货市场日常监管

坚决贯彻落实党中央、国务院决策部署，及时有效强化期货市场监管，加强期现联动监管，服务国家宏观调控和大宗商品保供稳价大局。研究丰富监管工具箱，实施特定程序化客户报备、试点收取申报费等监管措施，规范高频程序化交易行为。加强穿透式监管，持续提升数据质量，为实控账户认定和违法行为排查赋能。指导期货交易所修订完善《违规处理办法》，切实提高违规成本。坚持"零容忍"，强化对违法线索的排查，严厉打击操纵期货市场等违法活动，依法对5起操纵期货市场的线索进行立案调查。各期货交易所对46个品种采取提高手续费、保证金、收紧限仓水平、实施交易限额等措施共计242次，有效抑制市场过热。全年新增认定实控关系账户5 919组，处理自成交、频繁报撤单、大额报撤单等异常交易行为2 951次，发现违规线索259条，自律处罚48起，维护市场正常秩序。组织开展对期货交易所的现场检查，督促期货交易所严格落实一线自律管理责任，促进期货市场稳定运行和高质量发展，提升防范化解市场风险的能力。期货市场监控中心共向19家证监局发送预警信息33份，涉及57家期货公司。

加强资本市场经营机构监管

强化证券基金经营机构内部管理。发布《健全证券期货基金经营机构治理的工作方案》《关于进一步加强证券基金经营机构从业人员管理的通知》《证券公司合规管理有效性评估指引》，督促行业机构加强法人治理和从业人员管理，提高内部管理水平。印发《关于注册制下督促证券公司从事投行业务归位尽责的指导意见》，强化投行业务规范发展，厘清中介机构责任边界，强化投行执业标准体系建设，推动完善信息披露、尽职调查、工作底稿等投行业务监管规则。建立投行业务执业质量评价体系，增强市场自律和约束。制定强化投行业务廉洁从业监管的意见，强化廉洁从业执法检查。指导发布《证券账户非现场开户实施细则》《证券公司收益互换业务管理办法》《证券公司账户管理功能优化试点评估要点》，规范提升业务流程水平。落实《公开募集证券投资基金销售机构监督管理办法》，推动行业机构树立以客户利益为核心的经营理念，提升专业服务能力。

促进期货经营机构持续规范发展。统筹开展期货公司治理专项行动和年度期货公司现场检查工作，指导派出机构完成对32家重点公司的现场检查，切实提升治理水平。按照资管新规要求按期完成不合规资管产品整改。加强期货公司风险监管指标日常监测，持续推进期货公司监管综合系统（FISS）升级改造，促进监管效能提升。

加强私募监管。发布《关于加强私募投资基金监管的若干规定》，明确私募行业执业底线，强化合规风控要求，引导行业回归"私募"和"投资"本源。推动行业出清风险，积极推进行业正本清源，对相关私募机构或责任人采取行政监管措施378次、行政处罚26次，移送非法集资等涉嫌犯罪线索36家。

强化其他中介机构责任

压实中介机构责任。 开展并完成54家证券公司、43家基金管理子公司和12家证券评级机构的现场检查工作。指导沪深证券交易所全面落实"负面清单"管理，全年先后暂停13家证券公司的公司债券承销业务。对公司债券承销、受托管理人及相关责任人采取行政监管措施8次，对证券评级机构及责任人采取行政监管措施3次。

加强会计师事务所和资产评估机构监管。 完善备案指南，加强会计师事务所与资产评估机构从事证券服务业务首次备案监管，强化对证券服务业务真实性存疑、专业胜任能力存疑等4类异常情形的问询。开展以质量管理为核心的专项审计监管，强化对12家大所和28家新所的监管。紧盯544家重点类上市公司年报审计项目，督促会计师事务所严守"风险底线"。发布《2020年度证券审计市场分析报告》《2020年度证券资产评估市场分析报告》，引导会计师事务所和资产评估机构规范执业。对2家会计师事务所和2家资产评估机构开展全面检查，对12个项目开展专项检查，对125个项目开展专题检查。各证监局自主对166个审计项目、44个评估项目进行检查。对83家次会计师事务所、22家次评估机构、198人次注册会计师、58人次资产评估师采取了行政监管措施。联合财政部研究探索分层次、差异化披露安排，提高证券审计市场透明度。

加强律师事务所及律师从事证券法律业务监管。 开展覆盖证券法律业务全类型的双随机检查，35家证监局对55家次律师事务所承做的55个项目进行现场检查。持续做好律所案件查办工作，及时总结案件查办过程中发现的共性问题，并向市场通报。有序开展律师事务所从事证券法律业务备案工作，截至2021年末，共有551家律师事务所完成首次备案。

提升科技监管能力

持续完善科技监管制度体系，发布《证券期货业网络安全事件报告和调查处理办法》等行业监管制度规则和11项金融行业标准，印发行业科技发展"十四五"规划，为行业数字化转型发展提供纲领性指南，建立集中统一的项目管理和数据管理机制，完善行业标准和科研工作体系。优化升级"一张网"、规划筹备"一片云"、加速建设"一个库"和试点派驻"一班人"，不断强化基础工程建设。持续推进发行、上市、私募等重点系统建设，建成覆盖全部35家股交中心的"监管链—业务链"双层体系，推进科技与监管深度融合。完成中国证监会政府网站升级改版。有序开展行业网络安全管理工作。将资本市场金融科技创新试点范围从北京扩展至上海、深圳、广州、南京等地区。截至2021年末，完成340家信息技术系统服务机构的首次备案。持续建设行业信息基础设施，上交所金桥主运行中心正式启用，深交所南方中心二期项目稳步推进。

稽查执法和打非清整

加大执法力度,依法从严打击证券违法活动

依法严厉查处大案要案。 2021年,共受理违法违规有效线索380件(见图5-1),启动调查334件,新增立案案件273件,办结立案案件282件。严厉打击欺诈发行、财务造假、违规占用担保等严重影响上市公司质量的违法行为。全年立案调查信息披露违法案件69件,严肃查处了北京文化、宜华生活、广州浪奇等财务造假典型案件,对32起违规占用担保案件立案调查。坚持一案双查,坚决查处证券欺诈、造假背后的中介机构不勤勉尽责违法行为,全年立案调查中介机构违法案件39起。坚决查办以市值管理为名操纵股价、股市"黑嘴"、内幕交易等破坏市场公平交易原则的行为,全年立案调查操纵市场和内幕交易案件48件、59件。

强化债券市场统一执法,维护市场良好信用环境。 全年对债券发行人及相关中介机构新增处罚7家,新增立案8家。依法查处了华晨集团欺诈发行及胜通集团、永煤控股、宁夏远高等债券信息披露违法案件,首次对银行间市场商业银行债券承销商立案调查。

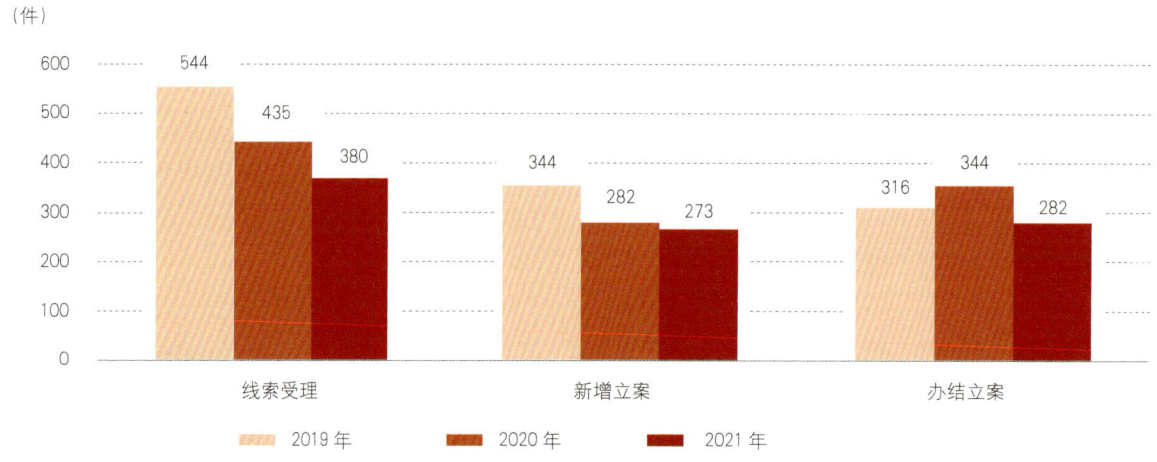

图5-1 2019—2021年案件办理总体情况

资料来源:中国证监会。

强化执法合力,完善执法协作机制

强化打击证券违法活动合力,与中宣部、最高法、最高检、公安部、司法部、财政部等单位联合组成打击资本市场违法活动协调工作小组,召开第一次工作会议,加大对重大案件的协调力度,完善信息共享机制,推进重要规则制定,协调解决重大问题。强化稽查执法和刑事司法的衔接配合,全年向公安机关移送涉嫌犯罪案件及线索177件,同比增长53%。会同公安部、最高检联合部署专项执法行动,集中查办19起重大案件。推动反洗钱监管协作,协助人民银行共同落实金融行动特别工作组(FATF)互评估整改工作任务,开展证券期货行业反洗钱检查。加强跨境执法协作,办理涉外协查请求140件,与香港证监会举行第十一、十二次两地执法合作工作会议。

依法履行行政复议、应诉职责

2021年共办理行政复议案件272件,出具行政复议意见建议书13份,督促规范执法。妥善化解行政争

议，22件案件当事人主动撤回行政复议申请。加强统筹协调指导，凝聚会系统力量，保障应诉工作成效，共办理行政应诉案件276件，通过出庭应诉进一步巩固和确认证监会监管执法原则和标准。

强化清理整顿与打非工作

清理整顿各类交易场所。在清理整顿各类交易场所部际联席会议机制下，加强部际央地协同，协调督导各地积极推进清理整顿各类交易场所攻坚战工作。较好控制了交易场所数量，完善长效制度建设，加强对金融资产类交易场所等重点风险领域的整治，市场秩序总体向好。

严厉打击非法证券期货活动。化解体系化规模化场外配资风险，联合公安部发布十大场外配资典型案例，曝光206家场外配资黑平台。组织开展第二届全国防非宣传月活动，创作4.6万件作品，宣传覆盖超6亿人次，防非宣传"线上健康跑"等品牌活动影响广泛。开展"清网"专项治理，协调网信办封禁非法荐股群2 000余个、短视频账号200余个，处理微博大V股市"黑嘴"50余个，在10家头部网络平台设置风险提示。累计向公安司法部门出具性质认定意见176份，取缔涉非机构、网点29个，支持公安机关对涉非案件立案147件，破案99件，抓捕犯罪嫌疑人571人。

防范化解金融风险

防范化解资本市场重大风险

持续加强风险监测工作，注重运用大数据、人工智能、区块链等技术，强化数据信息整合和治理，加强风险监测的信息化建设，不断提升科技监管水平。加强跨市场跨境风险以及杠杆资金风险、程序化交易的日常监测分析，及时掌握重点领域风险边际变化。切实维护市场稳定运行，坚持尊重市场规律，注重通过深化改革稳定预期，健全资本市场新闻舆论工作机制。坚持底线思维，持续做好应对极端情形的准备。

缓释股票质押风险

会同人民银行、银保监会从场内场外两侧共同发力，确保股票质押风险不反弹。截至2021年末，共有2 517只个股涉及质押融资业务，较年初减少115只；质押融资余额较年初下降1 440.32亿元；质押市值占A股总市值的4.57%，较年初下降0.86个百分点；整体履约保障比例由年初的243.83%上升至250.51%；第一大股东及其一致行动人质押比例高于80%的公司家数为241家，较年初减少53家。

持续推动"清欠解保"

贯彻落实《国务院关于进一步提高上市公司质量的意见》，按照依法监管、分类处置的总体原则和"发现一批、整改一批、查处一批"的工作思路，推动上市公司整改资金占用、违规担保问题。强化持续监管，把做好占用担保监管作为促进提高上市公司质量的一项重要工作，严密监控、依法查处大股东侵占上市公司利益行为。

推进债券违约风险防范和化解处置

联合国资委、人民银行召开国企债券风险防控工作视频会议，建立中央和地方两个层面的国企监测预警协作机制，防范国有企业无序违约。梳理分析房地产、大型民企、重点区域弱资质国企、大体量等重要风险点，健全"定期+专项"的风险全面摸排机制。压实地方政府属地责任和发行人、受托管理人主体责任，对于体量大、风险外溢性强的发行人进行重点盯防，综合运用展期、压兑、协商、重整等多种方式，推动60余家风险和违约企业千亿元债券本息完成风险化解、缓释或违约处置。

防控资本市场经营机构风险

对全行业证券公司、基金公司进行监管画像，优化现行证券基金公司风险台账。梳理重点业务开展情况，向行业强调监管要求，促业务回归本源。落实销售机构出清机制，同意5家基金销售机构注销许可证，实现行业首单通过行政处罚依法出清高风险独销机构。严格遵照市场化、法治化原则稳妥有序推进证券机构个案风险处置工作，协调人民法院裁定网信证券进入破产重整程序；新时代证券"涉系"股权在北京产权交易所挂牌转让；持续推进国盛证券和国盛期货风险处置，相关工作取得积极进展。稳妥化解有关期货公司代销资管产品违规违约风险、违规参与债券结构化发行相关风险。持续做好"涉系"期货公司接管托管工作。对照《关于规范金融机构资产管理业务的指导意见》对私募资管业务进行规范整改。推动建立部际联动、央地协作的私募基金风险防范处置工作机制，加强与相关部委和地方政府协作，强化对私募机构和人员诚信记录等信息的综合研判，促进私募基金管理人登记和企业工商登记衔接，防止不具备展业资质的机构和个人混入，防控增量风险，合力化解处置存量风险。

资本市场法治建设和提高证券违法成本

推动资本市场法治建设

推动《公司法》《企业破产法》修改，推动国务院印发《证券期货行政执法当事人承诺制度实施办法》，推动《上市公司监督管理条例》《公司债券管理条例》《私募投资基金监督管理条例》制定，推动期货和衍生品法经过全国人大常委会一读、二读审议，推动最高人民法院修订出台《最高人民法院关于审理证券市场虚假陈述侵权民事赔偿案件的若干规定》，并联合发布《最高人民法院 中国证券监督管理委员会关于适用〈最高人民法院关于审理证券市场虚假陈述侵权民事赔偿案件的若干规定〉有关问题的通知》。

加强资本市场"零容忍"制度建设，大幅提高违法成本

推动中办、国办联合印发并公开发布《关于依法从严打击证券违法活动的意见》（以下简称《意见》），加快健全证券执法司法体制机制，加大重大违法案件查处惩治力度，加强跨境监管执法协作，夯实资本市场法治和诚信基础，推动形成崇法守信的良好市场生态。《意见》相关措施大部分已落地或者取得重要进展，资本市场法治和基础制度建设取得重大进展，证券违法成本过低的问题在制度层面得到根本改变，证券期货领域案件多发态势得到一定程度的遏制，依法从严打击证券违法活动的合力初步形成，市场生态得到改善，市场韧性得到增强，市场预期更加稳定，《意见》贯彻落实工作取得明显成效。

完善诚信基础设施和监管机制

完成资本市场诚信档案数据库一期升级建设工作，对主体数据进行更新融合，提升完善数据库的查询使用功能。截至2021年末，诚信数据库共收录主体信息151.39万余条，证券期货系统诚信信息近11.24万余条，部际共享信息2 553.56万余条。进一步做好证券期货市场诚信信息查询公示工作，中国证监会官网诚信信息查询平台2021年度总查询量达1.04亿次，日均超30.5万次，累计公示30批共计744个严重违法失信主体，涉及机构69家，人员675人。推动建立失信信息部际共享与约束机制，督促22名特定严重失信人缴纳罚没款6 000余万元，积极推进与国家公共信用信息中心、国家企业信用信息公示平台的互联互通，全年共向全国信用信息共享平台推送资本市场违法失信信息1.16万余条。

保护投资者合法权益

完善投资者保护机制

健全投资者行权维权机制

提升投资者服务水平

加强投资者教育

完善投资者保护机制

完善注册制试点和"深化新三板改革、设立北京证券交易所"等改革中的适当性管理安排，评估科创板和创业板适当性管理制度实施情况。发布公开征集上市公司股东权利管理暂行规定，印发投保机构业务指引，指导证券业协会、基金业协会、期货业协会和投保基金公司联合发布证券基金期货经营机构投资者投诉处理工作指引。

健全投资者行权维权机制

完善代表人诉讼常态化机制。 指导投资者保护机构优化案件评估、决策、实施流程，持续开展案件梳理、评估工作，依法推进特别代表人诉讼常态化开展。支持投资者保护机构为普通代表人诉讼提供损失测算等服务，持续降低投资者维权成本，提高维权效率。首单证券纠纷特别代表人诉讼判决生效并已高效执行。

加大证券支持诉讼工作力度。 截至2021年末，中证中小投资者服务中心（以下简称投服中心）累计提起证券支持诉讼46起、股东诉讼2起，诉求总金额约1.22亿元，累计获赔投资者695人，获赔总金额约5 994万元，其中全国首例操纵市场民事赔偿案胜诉。

深入推动持股行权工作开展。 指导投服中心全年行权446场，截至2021年末，投服中心共计持有4 634家上市公司股票，累计行权3 124场，行使股东权利3 990次。

提升投资者服务水平

完善纠纷多元化解机制。 与最高法联合印发关于建立"总对总"证券期货纠纷在线诉调对接机制的通知，推动该机制落实落地。升级中国投资者网在线调解平台，组织36家证券期货调解组织全部入驻，实现与人民法院调解平台的全面对接。2021年，各调解组织共受理案件5 479件，涉及金额28.58亿元；调解成功2 856件，投资者获赔金额15.64亿元。

专栏：首单特别代表人诉讼成功落地

2016—2018年，康美药业股份有限公司（以下简称康美药业）实际控制人、董事长等通过虚开和篡改增值税发票、伪造银行单据，累计虚增收入275亿元，虚增利润39亿元。针对康美药业连续财务造假、严重损害投资者合法权益的行为，投资者保护机构响应市场呼声，依法接受投资者委托，代表投资者参加康美药业特别代表人诉讼，为投资者争取最大权益。2021年11月12日，广州中院判决康美药业及相关责任人赔偿5.2万名投资者24.59亿元，其中实际控制人马兴田夫妇及4名原高管人员、正中珠江会计师事务所及直接责任人员依法承担100%的连带赔偿责任，其他13名相关责任人员按过错程度承担部分连带赔偿责任。截至2021年末，案件已进入执行阶段，投资者已陆续收到赔偿款项。康美药业案有力震慑了资本市场违法作恶行为，强化了惩恶扬善、扶优限劣的鲜明导向，极大地增强了市场各方的敬畏之心，是落实新《证券法》和《关于依法从严打击证券违法活动的意见》的有力举措，也是我国资本市场历史上具有开创意义的标志性事件，对促进我国资本市场深化改革和健康发展，切实维护投资者合法权益具有里程碑意义。

打造"知意、解忧、暖心"的"12386"中国证监会投资者服务热线。 全年处理热线诉求12.05万件、中国证监会网站公众留言1.17万件。

完善中国投资者网建设。 修订印发7项中国投资者网配套制度，健全网站管理的制度体系，提升管理规范性。不断优化网站在线功能，开通特别代表人诉讼专栏，助力诉讼机制落地。

持续开展投资者调查分析与评估评价。 组织开展全国公募基金市场投资者调查和股票市场投资者行为分析，组织开展投资者对上市公司报告使用情况的专项调查。发布《中国资本市场投资者保护状况蓝皮书》总报告及系列子报告。

加强投资者教育

开展投资者教育与保护宣传活动。 围绕资本市场改革发展中心工作和投资者需求，组织开展"基础设施REITs来了""牵手北交所，共迎新起点""读懂上市公司报告"等多项投资者教育活动，引导投资者正确认识改革、理性参与投资。组织以"守初心 担使命，为投资者办实事"为主题的2021年"5·15全国投资者保护宣传日"活动，易会满主席现场启动"重走百年路，投教红色行"投资者保护宣传活动，宣讲党的百年历史和投资者保护知识，在嘉兴、上海、古田、井冈山、遵义、延安、西柏坡、北京八地开展投教活动109场，覆盖群众近2.4万人次。

加强投资者教育基地建设和运行管理。 完成第四批证券期货投资者教育基地命名授牌，其中国家级投教基地18家、省级投教基地53家。全国已建设199家实体和互联网投资者教育基地，为上亿中小投资者提供免费、便捷、专业的教育服务，帮助中小投资者集中系统、持续便利地获取证券期货知识，认识投资风险并掌握风险防范措施。

持续推动投资者教育纳入国民教育体系。 通过在学校教育中加强证券期货知识普及，提升国民金融素养、风险防范意识和风险识别能力，从源头上为资本市场培育理性投资者。目前，全国36个辖区均不同程度地开展了将投资者教育纳入国民教育体系实践，累计在5 000多所学校开展了不同程度、不同方式的教学试点，覆盖6 000多万名学生。

对外开放

资本市场双向开放

国际交流与合作

资本市场双向开放

资本市场互联互通

沪深港通机制日益深化。 继不同投票权架构公司股票、尚未盈利的在港上市生物科技类公司纳入港股通标的后,2021年2月1日正式将科创板股票纳入沪深股通标的。支持香港特区于2021年10月18日正式推出MSCI中国A50互联互通指数期货。2021年12月24日,宣布就ETF纳入互联互通标的整体方案达成共识。2021年,沪深港通成交金额35.40万亿元,其中沪港通、深港通成交金额分别为16.43万亿元、18.97万亿元。北向交易方面,沪深股通投资者净买入A股4 321.69亿元,其A股交易金额为27.63万亿元,占A股交易总额的5.37%。南向交易方面,港股通投资者净买入港股3 790.89亿元,其港股交易金额为7.77万亿元,占港股交易总额的11.34%。

沪港ETF互通产品平稳推出。 2021年6月1日,首批沪港ETF互通产品正式推出。截至2021年末,累计推出6只内地与香港ETF互通产品,存量规模约38.62亿元人民币,其中南向ETF(内地投资者投资港交所ETF产品)存量规模约36.26亿元人民币,北向ETF(香港特区投资者投资沪深交易所ETF产品)存量规模约2.36亿元人民币。

中日ETF互通机制顺利拓展。 2021年4月,机制下第二批产品在深交所和东京证券交易所顺利推出。截至2021年末,东向ETF(境内投资者投资东京证券交易所ETF产品)存量规模约3.1亿元人民币,西向ETF(境外投资者投资上交所和深交所产品)存量规模约6.2亿元人民币。

拓展优化沪伦通。 为进一步便利跨境投融资、推进资本市场制度型开放,对现行沪伦通规则进行修订,形成征求意见稿并于2021年12月公开征求意见。主要修改包括拓展适用范围,境内将深交所符合条件的上市公司纳入,境外拓展到德国、瑞士等市场;允许境外发行人融资,采用市场化询价机制定价;优化持续监管安排等。

投融资跨境双向流动

完善企业境外上市监管制度。 为促进企业利用境外资本市场规范健康发展,支持企业依法合规赴境外上市,会同国务院有关部门研究提出境外上市监管制度改革的总体方案和主要原则,形成《国务院关于境内企业境外发行证券和上市的管理规定(建议稿)》及配套制度,经国务院批准原则同意公开征求意见。

支持符合条件的企业赴境外上市融资,支持纯H股公司境内发行融资。 2021年共核准70家企业的境外融资行政许可申请,包括51家H股IPO、19家H股再融资。完成融资数据方面,共有28家企业经核准完成境外融资,合计融资1 218.03亿港元,同比减少29%。其中,14家完成H股IPO,融资391.23亿港元;14家完成再融资,融资826.80亿港元。2021年核准26家企业的H股"全流通"申请,共7家企业的17.31亿股境内未上市股份转为H股并在香港特区上市流通。支持纯H股公司发行内资股,核准5家纯H股公司境内定向发行股份,涉及融资额498.37亿元。

有序扩大证券期货基金服务业双向开放。 完成2家合资证券公司变更为外商独资证券公司备案(高盛高华证券、摩根大通证券),核准设立2家独资基金公司(富达基金、路博迈基金),同意长城证券、中银基金、汇添富基金、永赢基金分别在香港特区、新加坡、美国设立子公司。截至2021年末,共有8家外商控股(含独资)证券公司、3家外商独资基金管理公司和1家外商独资期货公司获批;共设立17家合资证券公司(含2家外商独资证券公司)、45家合资基金管理公司(含1家外商独资基金管理公司),35家证券公司在香港特区、新加坡、老挝共设立、收购或参股36家经营机构,26家基金管理公司在香港特区设立或收购27家经营机构。截至2021年末,在基金业协会登记的外资私募证券管理人38家,备案基金产品217只,管理规模434.48亿元。

进一步扩展合格境外投资者可投范围。 发布《关于合格境外机构投资者和人民币合格境外机构投资者参与金融衍生品交易的公告》，新增允许合格境外投资者交易商品期货、商品期权、股指期权等品种，满足其避险和配置需求。

稳步推进期货市场对外开放。 2021年5月，新增批准开展原油、棕榈油期权交易并引入境外交易者，成为首批国际化期权品种。截至2021年末，期货、期权国际化品种已增至9个。全面落实合格境外投资者新规，2021年10月新增允许合格境外投资者投资商品期货、商品期权、股指期权（以套期保值交易为目的）等衍生品品种。

支持符合条件的境外交易所、证券类经营机构设立驻华代表机构。 按照修订后的《境外证券期货交易所驻华代表机构管理办法》，2021年共完成外国证券类机构驻华代表处设立申请审批1个、境外证券期货交易所驻华代表机构备案4家。

完善境外机构投资者进入交易所债券市场的制度安排，推进熊猫债和"一带一路"债发行。 与人民银行、外汇局就《关于境外机构投资者投资中国债券市场有关事宜的公告》内容达成一致，旨在明确中国债券市场对外开放的整体性制度安排，进一步便利机构投资者配置人民币债券资产，加强中国债券市场对外开放的系统性、整体性、协同性。持续推动交易所债券市场对外开放，支持境外发行人进入境内交易所债券市场，推进熊猫债券发行。截至2021年末，交易所债券市场累计发行熊猫债券93只，发行总规模1 478.70亿元。积极推动交易所债券市场服务"一带一路"建设。截至2021年末，共发行"一带一路"债券35只，发行金额总计412.30亿元。

扩大对港澳台地区开放

积极推动资本市场扩大对港澳地区开放，支持港澳地区参与粤港澳大湾区和"一带一路"建设，服务和融入国家发展大局。支持香港特区巩固和提升国际金融中心地位，促进两地市场协同发展。稳步推进内地与香港基金产品互认，2021年共批复北上互认基金9只。截至2021年末，38只获批的北上互认基金中有35只在境内公开销售，合计销售保有净值约229.92亿元人民币。25只南下互认基金在香港特区公开销售，合计销售保有净值13.93亿元人民币。支持澳门特区发展特色金融，促进经济适度多元发展。根据《内地与香港关于建立更紧密经贸关系的安排》（CEPA）在内地增加香港特区从业资格考试科目，极大节约了内地专业人员赴港考试的时间成本和相关费用。加大对符合条件台资企业上市融资的支持力度，依法依规支持台湾地区投资者以人民币投资大陆资本市场，持续推动"31条措施"取得实效，持续开展台湾大学生暑期金融部门实习项目。

国际交流与合作

跨境监管和执法合作

持续完善跨境监管合作机制。 与匈牙利中央银行签署监管合作谅解备忘录。截至2021年末，共与67个国家（或地区）的证券期货监管机构签署双边监管合作谅解备忘录，建立了监管合作机制。

积极开展跨境监管与执法合作。 积极推进中美审计监管合作。2021年，与财政部、美国证监会（SEC）、美国公众公司会计监督委员会（PCAOB）就解决中概股相关跨境监管问题进行了多次坦诚、有建设性的沟通，一些重点事项的推进合作取得积极进展。认真履行多边备忘录下跨境执法合作义务。2021年共收到外国证券期货监管机构跨境执法协查请求13件，已办结9件（含往年结转）；收到外国监管信息协查请求21件，已办结21件（含往年结转）。积极利用现行跨境协查机制，为6个案件的境外调查需求向4家境外监管机构发送执法协查请求（不含香港特区）。

政府间财金对话和投资自贸协定谈判

积极参与中法、中瑞、中新等政府间财金对话磋商机制，推动达成多项政策成果。积极做好区域全面经济伙伴关系协定（RCEP）生效准备工作，参与完成世界贸易组织第八次对华贸易政策审议工作，参与中国—白俄罗斯等自贸协定谈判，推进贸易和投资自由化便利化。

与国际组织的合作交流

深入参与国际证监会组织（IOSCO）工作。 认真履行IOSCO亚太地区委员会（APRC）和衍生品委员会（C7）副主席职责，着力提升参与国际金融治理的水平和能力。通过IOSCO理事会下设的可持续金融专项工作组（STF）及其技术专家组（TEG）、金融稳定参与小组（FSEG），以及IOSCO同金融稳定理事会（FSB）联合成立的货币市场基金技术专家组（MMF TEG），深度参与相关国际标准制定和政策研究，深化多边监管协调与合作。加入增长与新兴市场委员会（GEMC）下设的"新兴市场"资产类别细分工作组、特殊目的收购公司（SPAC）联络组，认真做好评估委员会（AC）关于集合投资计划流动性风险管理系列调查问卷，主动借鉴国际最佳实践与有益经验。中国证监会首席会计师首次成功当选国际审计准则和审计质量公共利益监督委员会（PIOB）成员，积极参与国际审计与鉴证准则和会计师职业道德准则制定。

深化与其他国际组织合作。 继续以线上方式落实与国际货币基金组织（IMF）中长期技术援助谅解备忘录；积极申请亚洲开发银行（ADB）知识合作技援项目；继续参与IMF第四条款磋商、经济合作与发展组织（OECD）公司治理委员会有关工作；配合开展二十国集团（G20）等多边框架下的务实合作。

专栏：中国证监会国际顾问委员会第十八次会议召开

中国证监会国际顾问委员会第十八次会议于2021年12月1日以视频会议形式召开。顾委会主席霍华德·戴维斯先生、副主席史美伦女士等12名顾委会委员，中国证监会主席易会满、副主席方星海出席会议，证监会系统相关单位、派出机构和会机关部门的主要负责同志参加会议。

本次会议主题为"后疫情时代资本市场的改革发展与开放合作"。会议重点研讨了"新形势下资本市场改革发展面临的机遇与挑战"和"资本市场开放合作对全球经济复苏和稳定发展的积极作用"两个议题。

与会委员积极评价顾委会第十七次会议以来中国资本市场坚持市场化法治化国际化方向,在深化改革、扩大开放、加强监管、增进合作等方面取得的显著成效,以及在应对疫情和促进经济社会发展中发挥的重要作用。与会委员普遍认为,在当前充满不确定性的国际经济金融变局下,中国资本市场应当也能够为全球经济复苏与可持续发展承担更重要的责任,发挥更积极的作用。证券监管机构应认真分析研判国际经济金融形势,加强国内国际监管合作,主动适应新业态、新模式,协同应对新问题、新考验。

附录

附录1　2021年证券期货市场监管大事记

附录2　2021年颁布的部门规章和规范性文件

附录3　系统单位简介及联系方式

附录1 2021年证券期货市场监管大事记

1. **1月8日** 中金所正式启动保险机构参与国债期货业务，中国人寿资产管理有限公司作为首家保险机构参与国债期货业务。

2. **2月3日** 中国证监会发布《关于上市公司内幕信息知情人登记管理制度的规定》（证监会公告〔2021〕5号）。

3. **2月25日** 易会满同志会见日本新任驻华大使垂秀夫一行。双方主要就中日资本市场务实合作、中国资本市场对外开放、日本经济金融形势等议题交流看法。

4. **2月25日** 深交所举办大湾区基础设施REITs发展论坛。证监会副主席李超、发展改革委副秘书长高杲、深圳市副市长艾学峰出席论坛并发表致辞。

5. **2月26日** 上交所发布《全国中小企业股份转让系统挂牌公司向上海证券交易所科创板转板上市办法（试行）》，深交所发布《深圳证券交易所关于全国中小企业股份转让系统挂牌公司向创业板转板上市办法（试行）》，全国股转公司发布《全国中小企业股份转让系统挂牌公司转板上市监管指引》。

6. **3月1日** 深交所推出首单碳中和专项债，助力做好碳达峰、碳中和工作。

7. **3月8日** 中国证监会发布《关于修改〈行政处罚委员会组成办法〉的决定》（证监会公告〔2021〕6号）。

8. **3月12日** 中国证监会召开党史学习教育动员大会。易会满同志作动员讲话，向全系统印发《中国证监会开展党史学习教育实施方案》。

9. **3月18日** 北京市、最高法、"一行两会一局"负责同志到北京金融法院调研并召开座谈会，易会满同志参加。

10. **3月18日** 中国证监会发布《上市公司信息披露管理办法》（证监会令第182号）。

11. **3月18日** 中国证监会发布《关于修改〈证券公司股权管理规定〉的决定》（证监会令第183号）。

12. **3月18日** 中国证监会发布《关于修改〈关于实施《证券公司股权管理规定》有关问题的规定〉的决定》（证监会公告〔2021〕7号）。

13. **3月19日** 易会满同志出席国务院发展研究中心主办的中国发展高层论坛2021年会证监会闭门圆桌会，并发表主旨演讲，就股票发行注册制改革等回应市场关切。

14. **3月31日** 中证商品指数有限责任公司在河北雄安新区举行开业仪式，方星海同志、河北省副省长葛海蛟出席开业仪式并致辞。

15. **3月31日** 深交所发布《关于合并主板与中小板相关安排的通知》，4月6日正式实施两板合并。

16. **4月16日** 中国证监会发布《关于修改〈科创属性评价指引（试行）〉的决定》（证监会公告〔2021〕8号）。

17. **4月16日** 中小投资者服务中心接受56名投资者委托，对康美药业启动特别代表人诉讼。广东省广州市中级人民法院发布特别代表人诉讼权利登记公告受理此案。康美药业普通代表人诉讼转换为特别代表人诉讼，是我国首单证券纠纷特别代表人诉讼。

18. **4月19日** 广州期货交易所在广州珠江新城举行揭牌仪式。中央政治局委员、广东省委书记李希与证监会主席易会满共同为广期所揭牌。广东省省长马兴瑞、证监会副主席方星海出席仪式。

19. **5月11日** 广东证监局对广东榕泰实业股份有限公司年报存在虚假记载等信息披露违法行为作出行政处罚，在系统内首次适用新《证券法》对15名当事人共处罚款合计1 450万元。

20. **5月13日** 中国证监会发布《资产管理产品介绍要素 第2部分：证券期货资产管理计划及相关产品》（证监会公告〔2021〕10号）。

21. **5月28日** 上交所举办首次全行业技术大会。大会以"数字赋能，守正创新"为主题。赵争平同志出席大会并致辞。

22. **6月1日** 首对沪港ETF互通产品在上交所与港交

所同步上市，华泰柏瑞南方东英恒生科技ETF在上交所挂牌上市，南方东英华泰柏瑞中证光伏产业ETF在港交所挂牌上市。这是深化两地资本市场交流合作、丰富两地投资者投资选择的重要成果。

23. 6月4日　中国证监会发布《证券期货业网络安全事件报告与调查处理办法》（证监会公告〔2021〕12号）。

24. 6月15日　中国证监会发布《证券市场禁入规定》（证监会令第185号）。

25. 6月15日　中国证监会发布《证券期货业结算参与机构编码》等五项金融行业标准（证监会公告〔2021〕14号）。

26. 6月16日　我国首单乡村振兴专项债——广新控股集团有限公司发行5亿元专项债在深交所顺利落地。

27. 6月18日　我国首个国际化期权产品——棕榈油期权在大商所挂牌上市并顺利引入境外交易者参与交易。

28. 6月21日　上交所、深交所分别举行首批5只和首批4只公开募集基础设施证券投资基金（REITs）上市仪式，中国结算顺利保障首批公开募集基础设施基金产品发行上市登记结算工作。

29. 6月21日　原油期权在上期所子公司上海国际能源交易中心正式挂牌交易。

30. 7月5日　首批科创创业50ETF在深交所上市。

31. 7月9日　中国证监会发布《关于注册制下督促证券公司从事投行业务归位尽责的指导意见》（证监会公告〔2021〕17号）。

32. 7月14日　中国证监会发布《证券期货违法行为行政处罚办法》（证监会令第186号）。

33. 7月16日　沈阳市中级人民法院裁定受理网信证券破产重整申请。中国证监会同日发布答记者问，表示将全力配合法院，推动重整稳妥有序进行，确保金融市场和社会稳定。网信证券破产重整成为自《企业破产法》发布实施后证券公司破产重整第一案。

34. 7月26日　方星海同志以视频方式出席中国证监会与匈牙利中央银行签署双边《证券期货监管合作谅解备忘录》仪式。

35. 8月26日　广期所与港交所线上签署谅解备忘录，加快推动交流与合作。

36. 8月30日　中国证监会发布《证券期货业网络安全等级保护基本要求》等2项金融行业标准（证监会公告〔2021〕19号）。

37. 9月6日　易会满同志以视频方式出席由深交所承办的世界交易所联合会（WFE）第60届年会开幕式，并发表题为《深化资本市场开放合作　促进后疫情时代全球经济复苏发展》主旨演讲。

38. 9月10日　中国人民银行、中国银行保险监督管理委员会、中国证券监督管理委员会、国家外汇管理局、广东省人民政府、香港特别行政区政府与澳门特别行政区政府通过视频连线方式举办"跨境理财通"业务试点启动仪式，粤港澳三地同时发布《粤港澳大湾区"跨境理财通"业务试点实施细则》。

39. 9月14日　中共中央政治局委员、北京市委书记蔡奇，北京市委副书记、市长陈吉宁一行赴全国股转公司调研。蔡奇同志主持召开调研座谈会，对深化新三板改革、打造服务创新型中小企业主阵地作重要讲话。易会满同志围绕深入学习贯彻落实习近平总书记在2021年中国国际服务贸易交易会全球服务贸易峰会上的重要致辞精神，稳步推进深化新三板改革和设立北京证券交易所作讲话。赵争平、樊大志同志参加调研。

40. 9月16日　易会满同志主持召开打击资本市场违法活动协调工作小组第一次会议，李超同志参加。

41. 9月17日　中国证监会发布《关于扩大红筹企业在境内上市试点范围的公告》（证监会公告〔2021〕20号）。

42. 9月18日　最高人民检察院驻中国证券监督管理委员会检察室揭牌成立。最高人民检察院检察长张军和易会满同志共同为驻会检察室揭牌并致辞。最高人民检察院副检察长孙谦、公安部经济犯罪侦查局局长高峰以及李超、赵争平同志出席揭牌仪式。

43. 9月18日　中国证监会发布《关于修改〈创业板首次公开发行证券发行与承销特别规定〉的决定》（证监会公告〔2021〕21号）。

44. 9月30日　中国证监会发布《首次公开发行股票并上市辅导监管规定》（证监会公告〔2021〕23号）。

45. 10月11日　中国证监会发布《关于依法开展证券期货行业仲裁试点的意见》（证监会公告〔2021〕25号）。

46. 10月13日　中国证监会发布《关于合格境外机构投资者和人民币合格境外机构投资者参与金融衍生品交易的公告》（证监会公告〔2021〕24号）。

47. 10月11日　易会满同志主持召开中央第六巡视组巡视中国证监会党委工作动员会，中央第六巡视组组长王荣军作进驻动员讲话，对深入学习贯彻习近平总书记关于金融工作、巡视工作重要论述和党中央决策部署，扎实开展巡视工作提出要求，易会满同志作表态讲话。

48. 10月26日　全国股转公司、北京证券交易所与国家中小企业发展基金签署战略合作协议。

49. 10月30日　中国证监会发布《证券交易所管理办法》（证监会令第192号）。

50. 11月2日　中国证监会发布《证券期货业数据模型第3部分：证券公司逻辑模型》等2项金融行业标准（证监会公告〔2021〕40号）。

51. 11月12日　中小投资者服务中心发布新《证券法》实施后首单特别代表人诉讼康美药业案一审胜诉的公告，52 037名投资者共判赔约24.59亿元。判决特别明确了各被告，尤其是实控人、时任"董监高"等应承担的责任比例。中小投资者服务中心经研究决定对康美药业特别代表人诉讼一审判决不予上诉。本案标志着以投资者"默示加入、明示退出"为特色的中国式集体诉讼司法实践成功落地。

52. 11月15日　北京证券交易所揭牌暨开市仪式在金阳大厦举行。北京市委书记蔡奇与易会满同志共同为北交所揭牌并敲钟开市。易会满同志和北京市委副书记、市长陈吉宁致辞，相关部委负责同志、北京市相关负责同志及李超、方星海、樊大志、王建军同志参加仪式。

53. 11月19日　中国证监会发布《公开征集上市公司股东权利管理暂行规定》（证监会公告〔2021〕44号）。

54. 12月1日　易会满、方星海同志以视频方式参加证监会国际顾问委员会第18次会议。顾问委员会12名委员和我方围绕后疫情时代资本市场的改革发展与开放合作的主题，就新形势下资本市场改革发展面临的机遇与挑战和资本市场开放合作对全球经济复苏和稳定发展的积极作用等议题进行深入交流。

55. 12月20日　易会满同志接受新华社记者采访，指出2022年中国证监会工作将围绕"稳字当头""改革攻坚"两个关键词开展，努力实现"三稳三进"，突出市场稳、政策稳和预期稳，在改革、开放和服务实体经济高质量发展上体现进，为稳定宏观经济积极贡献力量。

56. 12月23日　证券业协会发布《证券公司履行社会责任专项评价办法》及修订后的《证券公司履行社会责任专项评价指标》。

57. 12月29日　中国证监会发布《证券期货业移动互联网应用程序安全检测规范》（证监会公告〔2021〕48号）。

附录2　2021年颁布的部门规章和规范性文件

中国证监会颁布的部门规章

1. 《关于修改、废止部分证券期货规章的决定》（2021年1月15日　证监会令第179号）
2. 《公司债券发行与交易管理办法》（2021年2月26日　证监会令第180号）
3. 《证券市场资信评级业务管理办法》（2021年2月26日　证监会令第181号）
4. 《上市公司信息披露管理办法》（2021年3月18日　证监会令第182号）
5. 《关于修改〈证券公司股权管理规定〉的决定》（2021年3月18日　证监会令第183号）
6. 《关于修改部分证券期货规章的决定》（2021年6月11日　证监会令第184号）
7. 《证券市场禁入规定》（2021年6月15日　证监会令第185号）
8. 《证券期货违法行为行政处罚办法》（2021年7月14日　证监会令第186号）
9. 《北京证券交易所向不特定合格投资者公开发行股票注册管理办法（试行）》（2021年10月30日　证监会令第187号）
10. 《北京证券交易所上市公司证券发行注册管理办法（试行）》（2021年10月30日　证监会令第188号）
11. 《北京证券交易所上市公司持续监管办法（试行）》（2021年10月30日　证监会令第189号）
12. 《关于修改〈非上市公众公司监督管理办法〉的决定》（2021年10月30日　证监会令第190号）
13. 《关于修改〈非上市公众公司信息披露管理办法〉的决定》（2021年10月30日　证监会令第191号）
14. 《证券交易所管理办法》（2021年10月30日　证监会令第192号）

中国证监会颁布的规范性文件

1. 《关于修改、废止部分证券期货制度文件的决定》（2021年1月15日　证监会公告〔2021〕1号）
2. 《公开募集证券投资基金运作指引第3号——指数基金指引》（2021年1月18日　证监会公告〔2021〕2号）
3. 《首发企业现场检查规定》（2021年1月29日　证监会公告〔2021〕4号）
4. 《关于上市公司内幕信息知情人登记管理制度的规定》（2021年2月3日　证监会公告〔2021〕5号）
5. 《关于修改〈行政处罚委员会组成办法〉的决定》（2021年3月8日　证监会公告〔2021〕6号）
6. 《关于修改〈关于实施《证券公司股权管理规定》有关问题的规定〉的决定》（2021年3月18日　证监会公告〔2021〕7号）
7. 《关于修改〈科创属性评价指引（试行）〉的决定》（2021年4月16日　证监会公告〔2021〕8号）
8. 《关于完善全国中小企业股份转让系统终止挂牌制度的指导意见》（2021年5月28日　证监会公告〔2021〕11号）
9. 《证券期货业网络安全事件报告与调查处理办法》（2021年6月4日　证监会公告〔2021〕12号）
10. 《关于修改、废止部分证券期货制度文件的决定》（2021年6月11日　证监会公告〔2021〕13号）
11. 《公开发行证券的公司信息披露内容与格式准则第2号——年度报告的内容与格式（2021年修订）》（2021年6月28日　证监会公告〔2021〕15号）
12. 《公开发行证券的公司信息披露内容与格式准则第3号——半年度报告的内容与格式（2021年修订）》（2021年6月28日　证监会公告〔2021〕16号）
13. 《关于注册制下督促证券公司从事投行业务归位尽责的指导意见》（2021年7月9日　证监会公告〔2021〕17号）

14. 《关于扩大红筹企业在境内上市试点范围的公告》（2021年9月17日 证监会公告〔2021〕20号）

15. 《关于修改〈创业板首次公开发行证券发行与承销特别规定〉的决定》（2021年9月18日 证监会公告〔2021〕21号）

16. 《首次公开发行股票并上市辅导监管规定》（2021年9月30日 证监会公告〔2021〕23号）

17. 《合格境外机构投资者和人民币合格境外机构投资者境内证券期货投资管理办法》（2021年10月13日 证监会公告〔2021〕24号）

18. 《关于依法开展证券期货行业仲裁试点的意见》（2021年10月15日 证监会公告〔2021〕25号）

19. 《公开发行证券的公司信息披露内容与格式准则第46号——北京证券交易所公司招股说明书》（2021年10月30日 证监会公告〔2021〕26号）

20. 《公开发行证券的公司信息披露内容与格式准则第47号——向不特定合格投资者公开发行股票并在北京证券交易所上市申请文件》（2021年10月30日 证监会公告〔2021〕27号）

21. 《公开发行证券的公司信息披露内容与格式准则第48号——北京证券交易所上市公司向不特定合格投资者公开发行股票募集说明书》（2021年10月30日 证监会公告〔2021〕28号）

22. 《公开发行证券的公司信息披露内容与格式准则第49号——北京证券交易所上市公司向特定对象发行股票募集说明书和发行情况报告书》（2021年10月30日 证监会公告〔2021〕29号）

23. 《公开发行证券的公司信息披露内容与格式准则第50号——北京证券交易所上市公司向特定对象发行可转换公司债券募集说明书和发行情况报告书》（2021年10月30日 证监会公告〔2021〕30号）

24. 《公开发行证券的公司信息披露内容与格式准则第51号——北京证券交易所上市公司向特定对象发行优先股募集说明书和发行情况报告书》（2021年10月30日 证监会公告〔2021〕31号）

25. 《公开发行证券的公司信息披露内容与格式准则第52号——北京证券交易所上市公司发行证券申请文件》（2021年10月30日 证监会公告〔2021〕32号）

26. 《公开发行证券的公司信息披露内容与格式准则第53号——北京证券交易所上市公司年度报告》（2021年10月30日 证监会公告〔2021〕33号）

27. 《公开发行证券的公司信息披露内容与格式准则第54号——北京证券交易所上市公司中期报告》（2021年10月30日 证监会公告〔2021〕34号）

28. 《公开发行证券的公司信息披露内容与格式准则第55号——北京证券交易所上市公司权益变动报告书、上市公司收购报告书、要约收购报告书、被收购公司董事会报告书》（2021年10月30日 证监会公告〔2021〕35号）

29. 《公开发行证券的公司信息披露内容与格式准则第56号——北京证券交易所上市公司重大资产重组》（2021年10月30日 证监会公告〔2021〕36号）

30. 《非上市公众公司信息披露内容与格式准则第18号——定向发行可转换公司债券说明书和发行情况报告书》（2021年10月30日 证监会公告〔2021〕37号）

31. 《非上市公众公司信息披露内容与格式准则第19号——定向发行可转换公司债券发行申请文件》（2021年10月30日 证监会公告〔2021〕38号）

32. 《关于废止部分证券期货制度文件的决定》（2021年10月30日 证监会公告〔2021〕39号）

33. 《第41号公告》（2021年11月12日 证监会公告〔2021〕41号）

34. 《关于修改〈中国证券监督管理委员会上市公司并购重组审核委员会工作规程〉的决定》（2021年11月12日 证监会公告〔2021〕42号）

35. 《公开征集上市公司股东权利管理暂行规定》（2021年11月19日 证监会公告〔2021〕44号）

36. 《公开发行证券的公司信息披露内容与格式准则第24号——公开发行公司债券申请文件（2021年修订）》（2021年12月24日 证监会公告〔2021〕47号）

附录3　系统单位简介及联系方式

上海证券交易所

上海证券交易所（简称上交所）成立于1990年11月26日，是实施自律管理的法人，由中国证监会直接管理。

上交所主要职能包括：提供证券集中交易的场所、设施和服务；制定和修改本所的业务规则；按照国务院及中国证监会规定，审核证券公开发行上市申请；审核、安排证券上市交易，决定证券终止上市和重新上市等；提供非公开发行证券转让服务；组织和监督证券交易；组织实施交易品种和交易方式创新；对会员进行监管；对证券上市交易公司及相关信息披露义务人进行监管，提供网站供信息披露义务人发布依法披露的信息；对证券服务机构为证券发行上市、交易等提供服务的行为进行监管；设立或者参与设立证券登记结算机构；管理和公布市场信息；开展投资者教育和保护；法律、行政法规规定及中国证监会许可、授权或委托的其他职能。

上交所市场交易的证券品种主要包括股票、衍生品、债券、基金4大类。截至2021年末，沪市上市公司达到2 037家，股票总市值51.97万亿元，成交金额114.00万亿元，筹资总额8 336亿元。股票期权累计挂牌交易合约数为1 036个，成交量109 739万张，成交金额8 233亿元。债券现货挂牌数24 058只，托管量15.22万亿元，成交金额169 107亿元；债券回购成交金额313.75万亿元。基金挂牌数538只，总市值11 846亿元，成交金额153 406亿元。

联系电话：021-68808888
传　　真：021-68807813
电子邮件：webmaster@secure.sse.com.cn
网　　址：www.sse.com.cn
地　　址：上海市浦东新区杨高南路388号（200127）

深圳证券交易所

深圳证券交易所（简称深交所）于1990年12月1日开始营业，是实行自律管理的法人，由中国证监会直接管理。

深交所主要职能包括：提供证券集中交易的场所、设施和服务；制定和修改证券交易所的业务规则；审核、安排证券上市交易，决定证券暂停上市、恢复上市、终止上市和重新上市；提供非公开发行证券转让服务；组织和监督证券交易；组织实施交易品种和交易方式创新；对会员进行监管；对证券上市交易公司及相关信息披露义务人进行监管；对证券服务机构为证券上市、交易等提供服务的行为进行监管；设立或者参与设立证券登记结算机构；管理和公布市场信息；开展投资者教育和保护；法律、行政法规规定的以及中国证监会许可、授权或者委托的其他职能。

截至2021年末，深交所共有上市公司2 578家，上市股票2 614只。股票市价总值39.64万亿元，流通市值31.61万亿元，筹资总额7 755.57亿元，累计成交金额143.97万亿元。挂牌上市固收产品9 853只，托管规模2.9万亿元，累计成交金额48.38万亿元。基金挂牌总数540只，资产规模3 350.94亿元，累计成交金额2.98万亿元。

联系电话：0755-88668888
传　　真：0755-82083947
电子邮件：cis@szse.cn
网　　址：www.szse.cn
地　　址：广东省深圳市福田区深南大道2012号
　　　　　（518038）

上海期货交易所

上海期货交易所（简称上期所）成立于1999年，是经国务院同意、中国证监会批准，实行自律管理的法人，由中国证监会直接管理。

上期所主要职能包括：为期货交易及相关的其他业务提供场所、设施和服务，制定并实施业务规则和风险管理制度，设计并安排合约上市，以及中国证监会许可的其他职能。

截至2021年末，上期所上市交易的有铜、国际铜、铝、锌、铅、镍、锡、黄金、白银、螺纹钢、线材、热轧卷板、不锈钢、原油、燃料油、低硫燃料油、石油沥青、天然橡胶、20号胶、纸浆20个期货品种，以及铜、铝、锌、黄金、天然橡胶、原油6个期权品种。上期所共有会员单位201家，投资者开户数约205.16万户，指定交割仓库119家，指定保证金存管银行12家。2021年，上期所（含子公司上期能源）总成交金额214.58万亿元，总成交量24.46亿手（单边计算），同比分别增长40.43%和14.90%。

联系电话：021-68400000
传　　真：021-68401198
电子邮件：msc@shfe.com.cn
网　　址：www.shfe.com.cn
地　　址：中国（上海）自由贸易试验区浦电路500号（200122）

郑州商品交易所

郑州商品交易所（简称郑商所）成立于1990年10月，是国务院批准成立的首家期货市场试点单位，是实行自律管理的法人，由中国证监会直接管理。

郑商所主要职能包括：提供期货交易场所，期货合约设计与上市服务，期货交易结算与交割服务，期货交易监督，期货交易风险管理，期货交易信息服务等。

截至2021年末，郑商所上市普通小麦、优质强筋小麦、早籼稻、晚籼稻、粳稻、棉花、棉纱、油菜籽、菜籽油、菜籽粕、白糖、苹果、红枣、动力煤、甲醇、精对苯二甲酸（PTA）、玻璃、硅铁、锰硅、尿素、纯碱、短纤、花生23个期货品种，白糖、棉花、PTA、甲醇、菜籽粕、动力煤6个期权；共有场内会员164家，投资者开户数约255.51万户；指定交割仓（厂）库349家；指定保证金存管银行15家。2021年，累计成交量25.8亿手、累计成交金额108.0万亿元、日均持仓量939.9万手，同比分别增长51.7%、79.7%和31.7%。

联系电话：0371-65610069
传　　真：0371-65613068
电子邮件：czce@czce.com.cn
网　　址：www.czce.com.cn
地　　址：河南省郑州市郑东新区商务外环路30号（450018）

大连商品交易所

大连商品交易所（简称大商所）成立于1993年，是经国务院同意、中国证监会批准，实行自律管理的法人，由中国证监会直接管理。

大商所主要职能包括：提供期货、期权交易场所、设施和服务；设计合约、安排合约上市；组织并监督交易、结算和交割；制定并实施风险管理制度，控制市场风险；组织开展市场宣传和投资者教育服务；查处违规行为；中国证监会规定的其他职责。

2021年，大商所市场规模保持稳步较快增长，成交量23.64亿手、成交额140.46万亿元、日均持仓量1 055.18万手，分别同比增长7.12%、28.62%、9.87%。场内外衍生产品体系不断完善，成功上市生猪期货和棕榈油期权共2个期货、期权品种和工具。截至2021年末，大商所已上市黄大豆一号、豆粕、黄大豆二号、玉米、豆油、线型低密度聚乙烯、聚氯乙烯、棕榈油、焦炭、焦煤、铁矿石、鸡蛋、纤维板、胶合板、聚丙烯、玉米淀粉、乙二醇、粳米、苯乙烯、液化石油气、生猪21个期货品种，豆粕、玉米、铁矿石、聚丙烯、聚氯乙烯、线型低密度聚乙烯、液化石油气、棕榈油8个期权工具，并推出了17个期货品种和8个期权工具的夜盘交易。场外市场"一圈两中心"（即大宗商品生态圈，交易中心和价格信息中心）建设正式启动，并不断丰富。成功引入境外交易者参与铁矿石、棕榈油期货和棕榈油期权交易，市场国际化建设步伐持续推进。

联系电话：0411-84808888
传　　真：0411-84808588
电子邮件：office@dce.com.cn
网　　址：www.dce.com.cn
地　　址：辽宁省大连市沙河口区会展路129号
　　　　　（116023）

中国金融期货交易所

中国金融期货交易所（简称中金所）成立于2006年9月8日，是经国务院同意、中国证监会批准的国内第一家公司制交易所，也是国内唯一专门从事金融期货期权等衍生品市场建设的交易所，由中国证监会直接管理。

中金所主要职能包括：组织安排金融期货等金融衍生品上市交易、结算和交割；制订业务管理规则；实施自律管理；发布市场交易信息；提供技术、场所、设施服务；中国证监会许可的其他职能。

截至2021年末，中金所共上市沪深300、上证50、中证500股指期货3个股指期货产品，2年期、5年期、10年期国债期货3个国债期货产品和沪深300一个股指期权产品。2021年，股指期货成交6 673.92万手，成交金额90.40万亿元。其中，沪深300股指期货成交2 968.05万手，成交金额45.26万亿元；上证50股指期货成交1 433.59万手，成交金额14.66万亿元；中证500股指期货成交2 272.28万手，成交金额30.48万亿元。国债期货成交2 505.23万手，成交金额27.51万亿元。其中，2年期国债期货成交260.39万手，成交金额5.24万亿元；5年期国债期货成交606.99万手，成交金额6.09万亿元；10年期国债期货成交1 637.85万手，成交金额16.18万亿元。沪深300股指期权成交3 024.15万手，成交金额2 486.16亿元。

联系电话：021-50160666
传　　真：021-50160606
电子邮件：zixun@cffex.com.cn
网　　址：www.cffex.com.cn
地　　址：上海市浦东新区杨高南路288号（200127）

广州期货交易所

广州期货交易所（简称广期所）成立于2021年4月19日，是经国务院同意、中国证监会批准的公司制交易所，由中国证监会直接管理。设立广期所是贯彻落实《粤港澳大湾区发展规划纲要》的重要举措。广期所坚持创新型、市场化、国际化发展方向，积极服务于绿色发展、粤港澳大湾区建设和"一带一路"倡议。

广期所主要职能包括：为期货交易及相关的其他业务提供场所、设施和服务，制定并实施业务规则和风险管理制度，设计并安排合约上市，中国证监会许可的其他职能。2021年5月，广期所两年品种上市计划得到批复，主要包括碳排放权、电力、多晶硅、工业硅、锂、稀土、铂、钯，商品综合指数、能化价格指数、饲料价格指数、钢厂利润指数、香港恒生指数、籼米、高粱、咖啡16个品种。

联系电话：020-28183941
传　　真：020-28183952
电子邮件：public@gfex.com.cn
地　　址：广州市南沙区黄阁镇金茂中二街1号907房（注册地址）

中国证券登记结算有限责任公司

中国证券登记结算有限责任公司（简称中国结算）按照《证券法》关于证券登记结算集中统一运营的要求，经国务院同意、中国证监会批准，于2001年3月30日组建成立。公司为不以营利为目的的法人，是我国具有系统重要性的金融市场基础设施之一，由中国证监会直接管理。

中国结算主要职能包括：按照《证券法》和《证券登记结算管理办法》等规定，中国结算依法履行证券账户的设立和管理、证券集中登记、存管等职能，并为证券交易提供多边净额和全额等多种结算服务。公司服务范围涵盖上海、深圳、北京证券交易所与全国股转系统全部上市（挂牌）证券、股票期权、沪港通、深港通、内地与香港基金互认、开放式基金、资管产品、转融通、国债期货实物交割、债券跨市场转托管等广泛领域。

截至2021年末，中国结算管理的一码通证券账户投资者数达19 740.85万人。登记存管的上海、深圳市场证券30 395只，其中上市股票4 696只、北京证券交易所证券82只、全国股转系统挂牌股票7 305只。2021年1—12月，中国结算结算总额1 985.66万亿元，日均结算总额8.17万亿元，日均结算净额2 362.67亿元，日均过户15 945.55万笔，日均过户金额7.57万亿元。

联系电话：010-66210988
传　　真：010-66210938
电子邮箱：zbshi@chinaclear.com.cn
网　　址：www.chinaclear.cn
地　　址：北京市西城区太平桥大街17号（100033）

中国证券投资者保护基金有限责任公司

中国证券投资者保护基金有限责任公司（简称投保基金公司）成立于2005年8月30日，是由国务院出资成立，归口中国证监会管理的国有独资企业。

投保基金公司主要职能包括：筹集、管理和运作基金；监测证券公司风险，参与证券公司风险处置；证券公司被撤销、被关闭、破产或被中国证监会实施行政接管、托管经营等强制性监管措施时，按照国家有关政策规定对债权人予以偿付；管理和处分受偿资产，维护基金权益；发现证券公司经营管理中出现可能危及投资者利益和证券市场安全的重大风险时，向中国证监会提出监管、处置建议；对证券公司运营中存在的风险隐患会同有关部门建立纠正机制；国务院批准的其他职能。

截至2021年末，投保基金公司注册资本63亿元，按照《证券投资者保护基金管理办法》规定筹集、使用和运作基金，累计拨付投保基金225.318亿元（不包含南方证券），累计受偿现金45.227亿元（包括代财政部受偿现金0.066亿元）。证券市场交易结算资金监控系统对全市场经纪业务客户的3.49亿个资金账户、18 820.04亿元保证金实现全面动态监测。投保基金公司持续对全市场证券公司开展常态化风险监测预警。

联系电话：010-66580711
传　　真：010-66580616
电子邮件：zhangli@sipf.com.cn
网　　址：www.sipf.com.cn
地　　址：北京市西城区金融大街5号新盛大厦（100033）

中国证券金融股份有限公司

中国证券金融股份有限公司（简称中证金融）成立于2011年10月28日，是经国务院同意，中国证监会批准设立的全国性证券类金融机构，是中国境内唯一从事转融通业务的金融机构，由中国证监会直接管理。

中证金融主要职能包括：为证券公司融资融券业务提供资金和证券的转融通服务；对证券公司融资融券业务运行情况进行监控；监测分析全市场融资融券交易情况，运用市场化手段防控风险；对证券公司参与股票质押式回购交易实施信息统计和风险监测；开展证券投资基金托管业务；运用市场化手段促进资本市场平稳发展；开展民营企业债券融资支持工具框架下的交易所债券市场信用保护合约业务；经中国证监会批准同意的其他业务。

截至2021年12月31日，中证金融全年为证券公司融资融券业务提供资金和证券累计达到25 917亿元。转融通余额2 359.80亿元，其中转融资余额为918.43亿元，转融券余额为1 441.37亿元。开展融资融券业务的证券公司共93家，投资者数量614.46万人，沪深市场标的证券2 407只，融资融券余额18 321.52亿元。

联系电话：010-63211666
传　　真：010-63211601
电子邮件：csf1@csf.com.cn
网　　址：www.csf.com.cn
地　　址：北京市西城区丰盛胡同28号太平洋保险大厦B座15层（100032）

中国期货市场监控中心有限责任公司

中国期货市场监控中心有限责任公司（简称中国期货市场监控中心）是经国务院同意，中国证监会决定设立，于2006年3月成立的非营利性公司制法人，由中国证监会直接管理。

中国期货市场监控中心主要职能包括：期货市场统一开户；期货保证金安全监控；为期货投资者提供交易结算信息查询；期货市场运行监测监控；宏观和产业分析研究；期货中介机构监测监控；建设运营期货及衍生品交易报告库；代管期货投资者保障基金；为监管机构和期货交易所等提供信息服务；期货市场调查；协助风险公司处置。

截至2021年末，中国期货市场共上市交易70个期货品种，21个期货期权品种（不包含沪深交易所的3个ETF期权）。2021年全年共成交75.15亿手，成交金额581.27万亿元。

联系电话：010-66555088
传　　真：010-66555038
电子邮件：cfmmc@cfmmc.com
网　　址：www.cfmmc.com，www.cfmmc.cn
地　　址：北京市西城区金融大街5号新盛大厦B座17层（100033）

中证数据有限责任公司

中证数据有限责任公司（简称中证数据）成立于2012年9月12日，是由中国证监会直接管理的专业机构，定位为数据管理中心和业务分析中心。

中证数据主要职能包括：承担证券期货业监管大数据中心的建设、运行和维护，负责数据采集、加工、汇总、存储、管理和治理；协助统筹中国证监会监管大数据分析需求，包括统计查询、风险监测、数据挖掘及其他监管应用；根据大数据分析需求，提出大数据监管应用系统和分析软件需求，按相关规定提交开发机构开发，并参与上线测试，负责验收；按照相关规定提供数据及分析等服务；中国证监会交办的其他工作。

联系电话：010-63889092
传　　真：010-63889062
电子邮件：cmsmc@cmsmc.cn
网　　址：www.cmsmc.cn
地　　址：北京市西城区金融大街26号4层南区（100032）

全国中小企业股份转让系统有限责任公司

全国中小企业股份转让系统（简称全国股转系统，通称新三板）是经国务院批准，依据《中华人民共和国证券法》设立的第三家全国性证券交易场所。全国中小企业股份转让系统有限责任公司（简称全国股转公司）为其运营机构，于2012年9月20日在国家工商总局注册，2013年1月16日正式揭牌运营，由中国证监会直接管理。北京证券交易所于2021年9月3日注册成立，2021年11月15日揭牌开市，为全国股转公司全资子公司。

全国股转公司主要职能包括：建立、维护和完善股票交易相关技术系统和设施；制定和修改全国股转系统业务规则；接受并审查股票挂牌及其他相关业务申请，安排符合条件的公司股票挂牌；组织、监督股票交易及相关活动；对主办券商等全国股转系统参与人进行监管；对挂牌公司及其他信息披露义务人进行监管；管理和公布全国股转系统相关信息；中国证监会批准的其他职能。

截至2021年12月31日，全国股转系统存量挂牌公司6 932家，其中创新层1 225家，基础层5 707家，总市值22 845.40亿元，市盈率20.48倍。2021年，全国股转系统累计成交金额2 148.16亿元；挂牌公司完成普通股发行587次，融资金额259.67亿元，披露并购重组报告书146次，交易金额合计121.21亿元。北京证券交易所上市公司82家，总股本122.69亿股，总市值2 722.75亿元，平均市盈率46.66倍；北交所开市后，市场累计成交金额667.17亿元。

联系电话：010-63884521
传　　真：010-63889634
电子邮件：info@neeq.com.cn
网　　址：www.neeq.com.cn
地　　址：北京市西城区金融大街丁26号全国股转公司（100033）

中国证券业协会

中国证券业协会（简称证券业协会）成立于1991年8月28日，是依据《中华人民共和国证券法》和《社会团体登记管理条例》有关规定设立的证券业自律性组织，属于非营利性社会团体法人，接受业务主管单位中国证监会和社团登记管理机关国家民政部的业务指导和监督管理。

证券业协会主要职责包括：教育和组织会员及其从业人员遵守证券法律、行政法规，组织开展证券行业诚信建设，督促证券行业履行社会责任；依法维护会员的合法权益，向中国证监会反映会员的建议和要求；督促会员开展投资者教育和保护活动，维护投资者合法权益；制定和实施证券行业自律规则，监督、检查会员及其从业人员行为，对违反法律、行政法规、自律规则或者协会章程的，按照规定给予纪律处分或者实施其他自律管理措施；制定证券行业业务规范，组织从业人员的业务培训；组织会员就证券行业的发展、运作及有关内容进行研究，收集整理、发布证券相关信息，提供会员服务，组织行业交流，引导行业创新发展；对会员之间、会员与客户之间发生的证券业务纠纷进行调解；协会章程规定的其他职责。

截至2021年末，证券业协会共有会员476家，观察员349家，其中会员包括法定会员（证券公司）140家，普通会员（证券投资咨询公司、资信评级机构等）256家，特别会员（地方证券业协会等）80家。

联系电话：010-66575800
传　　真：010-66575827
电子邮件：xhbgs@sac.net.cn
网　　址：www.sac.net.cn
地　　址：北京市西城区金融大街19号富凯大厦B座二层（100033）

中国期货业协会

中国期货业协会（简称期货业协会）成立于2000年12月29日，是根据《社会团体登记管理条例》和《期货交易管理条例》成立的全国期货业自律性组织，为非营利性社会团体法人，接受业务主管单位中国证监会和社团登记管理机关国家民政部的业务指导和监督管理。

期货业协会以"自律、服务、传导"为基本宗旨，主要职责包括：教育和组织会员遵守期货法律法规和政策；制定会员应当遵守的行业自律性规则，监督、检查会员行为，对违反协会章程和自律性规则的，按照规定给予纪律处分；负责期货从业人员资格的认定、管理以及撤销工作；受理客户与期货业务有关的投诉，对会员之间、会员与客户之间发生的纠纷进行调解；依法维护会员的合法权益，向国务院期货监督管理机构反映会员的建议和要求；组织期货从业人员的业务培训，开展会员间的业务交流；组织会员就期货业的发展、运作以及有关内容进行研究；期货业协会章程规定的其他职责。

截至2021年末，期货业协会共有会员425家，其中普通会员344家（期货公司、证券公司、资产管理公司、风险管理公司等），特别会员7家（期货交易所、中国期货市场监控中心、中证商品指数有限责任公司），联系会员74家（地方协会等）。

联系电话：010-88087080
传　　真：010-88087060
电子邮件：cfa@cfachina.org
网　　址：www.cfachina.org
地　　址：北京市西城区金融大街33号通泰大厦C座8层（100140）

中国上市公司协会

中国上市公司协会（简称上市公司协会）成立于2012年2月15日，依据《中华人民共和国证券法》和《社会团体登记管理条例》等相关规定成立，由上市公司及相关机构组成的全国性自律组织，属于会员制、非营利性的社会团体法人。接受业务主管单位中国证监会和社团登记管理机关国家民政部的业务指导和监督管理。

上市公司协会的宗旨是：遵守宪法、法律、法规及党和国家的方针政策，践行社会主义核心价值观，遵守社会道德风尚；遵循资本市场公开、公平、公正原则；恪守"服务、自律、规范、提高"的基本职责，践行服务理念，维护会员合法权益，促进提高上市公司质量，进而促进资本市场体系的完善和成熟；引导上市公司遵守公司、证券法律法规，部门规章和规范性文件，规范运作，自觉履行社会责任；倡导积极健康的股权文化和诚信文化；推动上市公司持续健康发展，增强核心竞争力和国际影响力，成为党领导下紧密联系上市公司及资本市场的新型社会组织。

截至2021年末，上市公司协会共有注册会员2 543家，其中普通会员2 480家，联系会员24家，团体会员39家。

联系电话：010-88009718
传　　真：010-88009684
电子邮件：office@capco.org.cn
网　　址：www.capco.org.cn
地　　址：北京市西城区金融大街33号通泰大厦C座3层（100033）

中国证券投资基金业协会

中国证券投资基金业协会（简称基金业协会）成立于2012年6月6日，是依据《中华人民共和国证券投资基金法》和《社会团体登记管理条例》成立的证券投资基金行业的自律性组织，接受业务主管单位中国证监会和社团登记管理机关国家民政部的业务指导和监督管理。

基金业协会主要职能包括：教育和组织会员遵守有关证券投资的法律、行政法规，维护投资人合法权益；依法维护会员的合法权益，反映会员的建议和要求；制定和实施行业自律规则，监督、检查会员及其从业人员的执业行为，对违反自律规则和协会章程的，按照规定给予纪律处分；制定行业执业标准和业务规范，组织基金从业人员的从业考试、资质管理和业务培训；提供会员服务，组织行业交流，推动行业创新，开展行业宣传和投资人教育活动；对会员之间、会员与客户之间发生的基金业务纠纷进行调解；依法办理非公开募集基金的登记、备案；协会章程规定的其他职责。

截至2021年末，基金业协会共有会员4 656家，其中普通会员705家，联席会员312家，观察会员3 504家，特别会员135家。基金业协会自律管理范围下的行业资产规模约67.36万亿元[1]，其中：公募基金25.56万亿元；私募基金19.76万亿元[2]；持牌机构私募资管计划15.98万亿元，其中证券公司资管计划规模8.24万亿元[3]，基金公司及其子公司资管计划规模7.39万亿元，期货公司资管计划规模0.35万亿元；养老金3.96万亿元；资产支持专项计划2.25万亿元。

联系电话：010-66578250
传　　真：010-66578256
电子邮件：amac@amac.org.cn
网　　址：www.amac.org.cn
地　　址：北京市西城区金融街20号交通银行大厦B座9层（100033）

中证信息技术服务有限责任公司

中证信息技术服务有限责任公司（简称中证技术）成立于2013年11月8日，是中国证监会直接管理的信息技术服务机构，定位为系统开发中心。2019年12月，公司获批成为中关村高新技术企业。

中证技术主要职能包括：证联网、监管云平台等信息基础设施的建设、运行和维护；协助统筹资本市场监管业务系统需求，进行技术开发、建设并协助运维；协助统筹证监会系统监管大数据技术平台需求，承担应用系统、分析软件的技术开发、建设并协助运维；承担证券期货业标准与编码、信息安全、认证等服务工作；承办中国证监会交办的其他工作。

截至2021年末，中证技术承建的证联网已接入监管机构、派出机构、核心机构、经营机构525家，已上线业务124项。作为全国金融标准化技术委员会证券分技术委员会秘书处承办单位，2021年推进制定证券期货领域行业标准11项，分配ISIN编码27 888个、证券投资基金编码4 353个、证券投资基金参与方编码20个。

联系电话：010-83141900
传　　真：010-83141991
电子邮箱：zbs@csits.org.cn
地　　址：北京市西城区金融大街4号金益大厦（100033）

---

[1] 合计数中，从私募基金中剔除了顾问管理类与持牌机构资管计划重复的部分。
[2] 12月末规模为第三季度末运行规模加第四季度备案产品募集规模减清盘产品规模所得，非年末运行规模。
[3] 含大集合及私募子公司直投基金规模。

中证中小投资者服务中心有限责任公司

中证中小投资者服务中心有限责任公司（简称投服中心）成立于2014年12月，是由中国证监会直接管理的证券金融类公益机构。

投服中心主要职责包括：面向投资者开展公益性宣传和教育；公益性持有证券等品种，依法以投资者身份自行或联合其他投资者共同行权。根据《证券法》第九十条规定公开征集股东权利；提供调解、损失计算等纠纷解决服务；开展支持诉讼、股东直接诉讼及派生诉讼，参加代表人诉讼等诉讼维权工作；中国投资者网站的建设、管理和运行维护；调查、监测投资者意愿和诉求，开展战略研究与规划；代表投资者，向政府机构、监管部门反映诉求；中国证监会委托的其他业务。

截至2021年12月底，投服中心持有沪深交易所4 634家上市公司股票（含科创板公司），累计行使股东权利3 990次，成功提起投保机构首单股东权利公开征集。累计提起46起支持诉讼，已受理38起，向侵权责任主体索赔金额约1.22亿元。全国首例证券集体诉讼成功落地，投服中心代表5万余名投资者判决获赔24.59亿元。成功举办第四届《股东来了》投资者权益知识竞赛和投服论坛，参与度、关注度均创新高。安全运维中国投资者网站，累计发布信息67 864篇，访问量140.35万人次，浏览量395.16万人次。子公司中证资本市场法律服务中心累计受理各类证券期货纠纷14 438件，调解成功10 193件，纠纷和解获赔金额29.32亿元，累计测算投资者损失42.12亿元。

联系电话：021-50187501
传　　真：021-50496325
电子邮件：tfzx@isc.com.cn
地　　址：上海市浦东新区迎春路555号B座
　　　　　（200135）

中证商品指数有限责任公司

中证商品指数有限责任公司成立于2020年12月16日，是由中国证监会直接管理的证券期货类金融机构。

商品指数公司主要职能包括：负责设计、编制及维护包括单交易所、跨交易所期货指数等相关产品；设计、编制及维护现货指数及产品；开展指数产品定制服务；为宏观经济决策、监管政策的制定提供指数产品及研究支持；开展指数相关产品授权业务；经营数据信息业务；开展指数业务相关技术服务；开展国际合作与交流；中国证监会批准的其他业务。

联系电话：0312-5306301，010-66555159
传　　真：0312-5306319，010-66555020
电子邮件：info@ccidx.com
网　　址：www.ccidx.com
地　　址：中国（河北）自由贸易试验区雄安片区雄安市民服务中心企业办公区E栋2层
　　　　　（071700）

中证金融研究院

中证金融研究院（简称研究院）前身为北京证券期货研究院，成立于2012年6月，是由中国证监会直接管理的政策研究机构。研究院定位为决策支持中心、战略智库和理论学术基地，负责资本市场长期性、前瞻性、全局性和规律性问题的研究。

研究院主要职能包括：研究宏观经济和金融市场运行动态；研究拟订资本市场中长期战略规划；对资本市场法规、政策提供意见和建议；对资本市场运行质量、效率和潜在风险进行评估；对资本市场运行、发展与监管中的理论和实践问题进行专项研究；对中国证监会各部门、各单位工作中的重大事项和重要工作提供专题咨询等；协调证券期货监管系统内的研究工作；承担中国证监会博士后工作站日常管理；中国证监会交办的其他工作。

联系电话：010-85578300

传　　真：010-56088544、56088548

邮　　箱：contact@cifcm.com

网　　址：www.cifcm.cn

地　　址：北京市西城区金融大街26号金阳大厦8层
　　　　　（100033）

资本市场学院

资本市场学院（简称学院）成立于2012年12月3日，是由中国证监会和深圳市政府联合举办的资本市场专业性教育培训机构。

学院主要职能包括：资本市场专业培训和职业教育；资本市场应用型研究；资本市场监管系统培训支持服务；境内外培训交流合作；其他与资本市场培训相关的业务。

2021年，学院紧密结合资本市场全面深化改革中心工作，面向资本市场从业人员、地方金融监管干部、党政机关领导干部等各类群体，围绕上市公司、金融机构、地方政府、湾区服务、金融科技、金融媒体、党建教育以及会系统支持服务等8个专业方向开展持续性课程研发与专业化人才培养。2021年学院共开展各类培训140期，覆盖1.7万人次，其中线下培训126期，线上培训14期；利用校园设施，对外承接培训、会议118场，累计服务近9 000人次，短期培训系列化、中长期培训品牌化、资质性培训规范化、远程教育多样化的教培主业格局进一步形成。

联系电话：0755-26650859

传　　真：0755-26650835

电子邮件：ccmi@ccmi.edu.cn

网　　址：www.ccmi.edu.cn

地　　址：广东省深圳市南山区沁园二路2号
　　　　　（518055）

附表

附表1　中国证券期货市场主要统计数据（2012-2021年）

附表2　证券公司一览表

附表3　基金管理公司一览表

附表4　期货公司一览表

附表5　合格境外投资者一览表

附表6　合格境外投资者托管行一览表

附表7　境外证券类机构驻华代表处一览表

附表8　境外交易所驻华代表处一览表

附表9　双边监管合作谅解备忘录一览表

附表1

中国证券期货市场主要统计数据（2012—2021年）

指标	单位	2012年	2013年	2014年	2015年	2016年	2017年	2018年	2019年	2020年	2021年
境内上市公司数（A、B股）	家	2 494	2 489	2 613	2 827	3 052	3 485	3 584	3 777	4 154	4 615
境内外上市股（B股）	家	107	106	104	101	100	100	99	97	93	90
股票总发行股本（A、B股）	亿股	31 833.62	33 822.04	36 795.1	43 024.14	48 750.29	53 746.67	57 581.02	61 739.79	65 455.93	70 694.39
流通股本（A、B股）	亿股	24 778.22	29 997.12	32 289.25	37 043.37	41 136.05	45 044.87	49 047.56	52 488.06	56 353.49	60 755.13
股票市价总值（A、B股）	亿元	230 357.62	239 077.19	372 546.96	531 462.7	507 685.88	567 086.08	434 924.02	593 074.53	797 238.16	916 088.18
股票流通市值（A、B股）	亿元	181 658.26	199 579.54	315 624.31	417 880.76	393 401.68	449 298.15	353 794.19	483 327.19	643 605.29	751 556.13
股票成交金额	亿元	314 583.27	468 728.61	742 385.26	2 550 541.31	1 277 680.32	1 124 625.11	901 739.39	1 274 158.91	2 068 252.51	2 579 734.13
上证综指数（收盘）	点	2 269.13	2 115.98	3 234.68	3 539.18	3 103.64	3 307.17	2 493.90	3 050.12	3 473.07	3 639.78
深证综合指数（收盘）	点	881.17	1 057.67	1 415.19	2 308.91	1 969.11	1 899.34	1 267.87	1 722.95	2 329.37	2 530.14
交易所债券现券成交额	亿元	9 882.53	17 411.83	28 191.38	34 464.32	53 294.20	55 441.79	59 286.81	83 530.20	201 785.82	287 094.88
证券投资基金只数	只	1173	1551	1899	2723	3873	4848	5792	6111	7490	9152
证券投资基金规模	亿份	31 708.41	31 167.18	42 032.72	76 674.13	88 428.32	110 182.12	128 966.33	136 937.42	170 344.55	218 244.61
证券投资基金成交额	亿元	8 123.61	14 785.47	47 230.89	152 684.59	111 444.32	98 051.89	102 704.60	91 679.37	2 930.04	183 099.81
期货总成交量	万手	145 046.24	206 177.33	250 585.57	357 791.06	413 776.83	307 102.17	301 069.67	392 156.68	602 735.44	726 923.66
期货总成交额	亿元	952 824.54	1 264 673.31	1 279 712.53	1 364 707.05	1 774 124.99	1 633 003.86	2 108 057.48	2 904 004.59	4 373 005.25	5 807 071.12

附表2　　证券公司一览表

序号	公司名称	外资参股情况		是否在香港特区设立分支机构
		境外股东名称	出资比例	
1	爱建证券有限责任公司			否
2	安信证券股份有限公司			是
3	北京高华证券有限责任公司			否
4	渤海证券股份有限公司			否
5	财达证券股份有限公司			否
6	财信证券股份有限公司			否
7	财通证券股份有限公司			是
8	财通证券资产管理有限公司			否
9	长城国瑞证券有限公司			否
10	长城证券股份有限公司			否
11	长江证券（上海）资产管理有限公司			否
12	长江证券承销保荐有限公司			否
13	长江证券股份有限公司			是
14	网信证券有限责任公司			否
15	川财证券有限责任公司			否
16	大通证券股份有限公司			否
17	大同证券有限责任公司			否
18	德邦证券股份有限公司			否
19	第一创业证券承销保荐有限责任公司			否
20	第一创业证券股份有限公司			否
21	东北证券股份有限公司			否
22	东方证券承销保荐有限公司			否
23	东方证券股份有限公司			是
24	东海证券股份有限公司			是
25	东莞证券股份有限公司			否
26	东吴证券股份有限公司			是
27	东兴证券股份有限公司			是

续表

序号	公司名称	外资参股情况		是否在香港特区设立分支机构
		境外股东名称	出资比例	
28	方正证券股份有限公司			是
29	高盛高华证券有限责任公司	高盛集团有限公司	100%	否
30	光大证券股份有限公司	中国光大控股有限公司	20.83%	是
31	广发证券股份有限公司			是
32	广发证券资产管理（广东）有限公司			否
33	中信证券华南股份有限公司			否
34	国都证券股份有限公司			是
35	国海证券股份有限公司			否
36	国金证券股份有限公司			是
37	国开证券股份有限公司			否
38	国联证券股份有限公司			是
39	国盛证券有限责任公司			否
40	国泰君安证券股份有限公司			是
41	国信证券股份有限公司			是
42	国元证券股份有限公司			是
43	中天国富证券有限公司			否
44	海通证券股份有限公司			是
45	恒泰长财证券有限责任公司			否
46	恒泰证券股份有限公司			否
47	红塔证券股份有限公司			否
48	宏信证券有限责任公司			否
49	华安证券股份有限公司			是
50	华宝证券股份有限公司			否
51	华创证券有限责任公司			否
52	华福证券有限责任公司			是
53	华金证券股份有限公司			否
54	华林证券股份有限公司			否
55	华龙证券股份有限公司			否
56	华融证券股份有限公司			否

续表

序号	公司名称	外资参股情况		是否在香港特区设立分支机构
		境外股东名称	出资比例	
57	华泰联合证券有限责任公司			是
58	华泰证券（上海）资产管理有限公司			否
59	华泰证券股份有限公司			否
60	华西证券股份有限公司			否
61	华鑫证券有限责任公司			否
62	华英证券有限责任公司			否
63	江海证券有限公司			否
64	金通证券有限责任公司			否
65	金元证券股份有限公司			否
66	九州证券股份有限公司			否
67	开源证券股份有限公司			否
68	粤开证券股份有限公司			否
69	民生证券股份有限公司			否
70	摩根士丹利证券（中国）有限公司	Morgan Stanley	90%	否
71	南京证券股份有限公司			否
72	平安证券股份有限公司			是
73	中泰证券（上海）资产管理有限公司			否
74	中泰证券股份有限公司			是
75	国融证券股份有限公司			否
76	瑞信证券（中国）有限公司	瑞士信贷银行股份有限公司	51%	否
77	瑞银证券有限责任公司	瑞士银行有限公司	51%	否
78	山西证券股份有限公司			是
79	上海东方证券资产管理有限公司			否
80	上海光大证券资产管理有限公司			否
81	上海国泰君安证券资产管理有限公司			否
82	上海海通证券资产管理有限公司			否
83	上海证券有限责任公司			否
84	申万宏源西部证券有限公司			否

续表

序号	公司名称	外资参股情况		是否在香港特区设立分支机构
		境外股东名称	出资比例	
85	申万宏源证券承销保荐有限责任公司			否
86	申万宏源证券有限公司			是
87	世纪证券有限责任公司			否
88	首创证券股份有限公司			否
89	太平洋证券股份有限公司			否
90	天风证券股份有限公司			是
91	万和证券股份有限公司			否
92	万联证券股份有限公司			否
93	五矿证券有限公司			否
94	西部证券股份有限公司			否
95	东方财富证券股份有限公司			否
96	西南证券股份有限公司			是
97	湘财证券股份有限公司			否
98	新时代证券股份有限公司			否
99	信达证券股份有限公司			是
100	兴业证券股份有限公司			是
101	兴证证券资产管理有限公司			否
102	银河金汇证券资产管理有限公司			否
103	银泰证券有限责任公司			否
104	英大证券有限责任公司			否
105	招商证券股份有限公司			是
106	招商证券资产管理有限公司			否
107	浙江浙商证券资产管理有限公司			否
108	浙商证券股份有限公司			否
109	中德证券有限责任公司	德意志银行股份有限公司	33.30%	否
110	中国国际金融股份有限公司	公众股东、Tencent Mobility Limited、Des Voeux Investment Company Limited、阿布达比投资局	39.71%	是

续表

序号	公司名称	外资参股情况		是否在香港特区设立分支机构
		境外股东名称	出资比例	
111	方正证券承销保荐有限责任公司			否
112	中国银河证券股份有限公司			是
113	中国中金财富证券有限公司			否
114	中航证券有限公司			否
115	中山证券有限责任公司			否
116	中天证券股份有限公司			否
117	中信建投证券股份有限公司			是
118	中信证券（山东）有限责任公司			否
119	中信证券股份有限公司			是
120	中银国际证券股份有限公司	中银国际控股有限公司	33.42%	否
121	中邮证券有限责任公司			否
122	中原证券股份有限公司			是
123	联储证券有限责任公司			否
124	国盛证券资产管理有限公司			否
125	东证融汇证券资产管理有限公司			否
126	渤海汇金证券资产管理有限公司			否
127	申港证券股份有限公司	茂宸集团控股有限公司、民众证券有限公司、嘉泰新兴资本管理有限公司	29.31%	否
128	华兴证券有限公司	华兴金融服务（香港）有限公司	48.83%	否
129	汇丰前海证券有限责任公司	香港上海汇丰银行有限公司	51%	否
130	东亚前海证券有限责任公司	东亚银行有限公司	49%	否
131	野村东方国际证券有限公司	野村控股株式会社	51%	否
132	摩根大通证券（中国）有限公司	J.P. Morgan International Finance Limited	100%	否
133	金圆统一证券有限公司	统一综合证券股份有限公司	49%	否
134	大和证券（中国）有限责任公司	株式会社大和证券集团总公司	51%	否

续表

序号	公司名称	外资参股情况		是否在香港特区设立分支机构
		境外股东名称	出资比例	
135	星展证券（中国）有限公司	星展银行有限公司	51%	否
136	安信证券资产管理有限公司			否
137	甬兴证券有限公司			否
138	上海甬兴证券资产管理有限公司			否
139	天风（上海）证券资产管理有限公司			否
140	德邦证券资产管理有限公司			否

附表3 基金管理公司一览表

序号	公司名称	外资参股情况		是否在境外国家或地区设立分支机构
		境外股东名称	出资比例	
1	国泰基金管理有限公司	意大利忠利集团	30%	是
2	南方基金管理股份有限公司			是
3	华夏基金管理有限公司	加拿大鲍尔公司、万信投资公司	分别持股13.9%，共计27.8%	是
4	华安基金管理有限公司			是
5	博时基金管理有限公司			是
6	鹏华基金管理有限公司	意大利欧利盛资本资产管理股份公司	49%	否
7	长盛基金管理有限公司	新加坡星展银行有限公司	33%	是
8	嘉实基金管理有限公司	德意志资产管理（亚洲）公司	30%	是
9	大成基金管理有限公司			是
10	富国基金管理有限公司	加拿大蒙特利尔银行	27.78%	是
11	易方达基金管理有限公司			是
12	宝盈基金管理有限公司			否
13	融通基金管理有限公司	日兴资产管理公司	40%	是
14	银华基金管理股份有限公司			是
15	长城基金管理有限公司			否
16	银河基金管理有限公司			否
17	泰达宏利基金管理有限公司	宏利资产管理（香港）有限公司	49%	否
18	国投瑞银基金管理有限公司	瑞士银行有限公司	49%	否
19	万家基金管理有限公司			否
20	金鹰基金管理有限公司			否
21	招商基金管理有限公司			是
22	华宝基金管理有限公司	华平资产管理合伙	49%	是

续表

序号	公司名称	外资参股情况		是否在境外国家或地区设立分支机构
		境外股东名称	出资比例	
23	摩根士丹利华鑫基金管理有限公司	摩根士丹利国际控股公司	49%	否
24	国联安基金管理有限公司	德国安联集团	49%	否
25	海富通基金管理有限公司	法国巴黎投资管理BE控股公司	49%	否
26	长信基金管理有限责任公司			否
27	泰信基金管理有限公司			否
28	天治基金管理有限公司			否
29	景顺长城基金管理有限公司	景顺资产管理公司（英国注册）	49%	否
30	广发基金管理有限公司			是
31	兴证全球基金管理有限公司	荷兰全球人寿保险国际公司	49%	否
32	诺安基金管理有限公司			是
33	申万菱信基金管理有限公司	三菱UFJ信托银行株式会社	33%	否
34	中海基金管理有限公司	法国爱德蒙得洛希尔银行股份有限公司	25%	否
35	光大保德信基金管理有限公司	保德信投资管理有限公司	45%	否
36	华富基金管理有限公司			否
37	上投摩根基金管理有限公司	摩根富林明资产管理有限公司	49%	是
38	东方基金管理股份有限公司			否
39	中银基金管理有限公司	贝莱德投资管理（英国）有限公司	16.50%	是
40	东吴基金管理有限公司			否
41	国海富兰克林基金管理有限公司	美国坦伯顿国际股份有限公司	49%	否
42	天弘基金管理有限公司			否
43	华泰柏瑞基金管理有限公司	柏瑞投资有限责任公司	49%	否
44	新华基金管理股份有限公司			否
45	汇添富基金管理股份有限公司			是
46	工银瑞信基金管理有限公司	瑞士信贷银行股份有限公司	20%	是
47	交银施罗德基金管理有限公司	施罗德投资管理公司	30%	是

续表

序号	公司名称	外资参股情况		是否在境外国家或地区设立分支机构
		境外股东名称	出资比例	
48	中信保诚基金管理有限公司	英国保诚集团股份有限公司	49%	否
49	建信基金管理有限责任公司	美国信安金融服务公司	25%	是
50	华商基金管理有限公司			否
51	汇丰晋信基金管理有限公司	汇丰环球投资管理（英国）有限公司	49%	否
52	益民基金管理有限公司			否
53	中邮创业基金管理股份有限公司	三井住友银行股份有限公司	24%	是
54	信达澳银基金管理有限公司	康联首域集团有限公司	46%	否
55	诺德基金管理有限公司			否
56	中欧基金管理有限公司	意大利意联银行股份合作公司	25%	是
57	金元顺安基金管理有限公司			否
58	浦银安盛基金管理有限公司	法国安盛投资管理公司	39%	否
59	农银汇理基金管理有限公司	东方汇理资产管理公司	33.33%	否
60	民生加银基金管理有限公司	加拿大皇家银行	30%	否
61	西部利得基金管理有限公司			否
62	浙商基金管理有限公司			否
63	平安基金管理有限公司	大华资产管理有限公司	17.51%	否
64	富安达基金管理有限公司			否
65	财通基金管理有限公司			否
66	方正富邦基金管理有限公司	富邦证券投资信托股份有限公司	33.30%	否
67	长安基金管理有限公司			否
68	国金基金管理有限公司			否
69	安信基金管理有限责任公司			否
70	德邦基金管理有限公司			否
71	华宸未来基金管理有限公司	未来资产基金管理公司	25%	否
72	红塔红土基金管理有限公司			否
73	英大基金管理有限公司			否

续表

序号	公司名称	外资参股情况		是否在境外国家或地区设立分支机构
		境外股东名称	出资比例	
74	江信基金管理有限公司			否
75	太平基金管理有限公司	安石投资管理有限公司	8.50%	否
76	华润元大基金管理有限公司	元大证券投资信托股份有限公司	24.50%	否
77	前海开源基金管理有限公司			否
78	东海基金管理有限责任公司			否
79	中加基金管理有限公司	加拿大丰业银行	28%	是
80	兴业基金管理有限公司			否
81	中融基金管理有限公司			否
82	国开泰富基金管理有限责任公司	国泰证券投资信托股份有限公司	33.30%	否
83	中信建投基金管理有限公司			否
84	上银基金管理有限公司			否
85	鑫元基金管理有限公司			否
86	永赢基金管理有限公司	利安资金管理公司	28.51%	是
87	兴银基金管理有限责任公司			否
88	国寿安保基金管理有限公司	安保资本投资有限公司	14.97%	否
89	圆信永丰基金管理有限公司	永丰证券投资信托股份有限公司	49%	否
90	中金基金管理有限公司			否
91	北信瑞丰基金管理有限公司			否
92	红土创新基金管理有限公司			否
93	嘉合基金管理有限公司			否
94	创金合信基金管理有限公司			否
95	九泰基金管理有限公司			否
96	泓德基金管理有限公司			否
97	金信基金管理有限公司			否
98	新疆前海联合基金管理有限公司			否
99	新沃基金管理有限公司			否

续表

序号	公司名称	外资参股情况		是否在境外国家或地区设立分支机构
		境外股东名称	出资比例	
100	中科沃土基金管理有限公司			否
101	富荣基金管理有限公司			否
102	汇安基金管理有限责任公司			否
103	先锋基金管理有限公司			否
104	中航基金管理有限公司			否
105	华泰保兴基金管理有限公司			否
106	鹏扬基金管理有限公司			否
107	恒生前海基金管理有限公司	恒生银行有限公司	70%	否
108	格林基金管理有限公司			否
109	南华基金管理有限公司			否
110	凯石基金管理有限公司			否
111	国融基金管理有限公司			否
112	东方阿尔法基金管理有限公司			否
113	恒越基金管理有限公司			否
114	弘毅远方基金管理有限公司			否
115	合煦智远基金管理有限公司			否
116	博道基金管理有限公司			否
117	蜂巢基金管理有限公司			否
118	中庚基金管理有限公司			否
119	湘财基金管理有限公司			否
120	睿远基金管理有限公司			否
121	朱雀基金管理有限公司			否
122	淳厚基金管理有限公司			否
123	同泰基金管理有限公司			否
124	惠升基金管理有限责任公司			否
125	西藏东财基金管理有限公司			否
126	博远基金管理有限公司			否

续表

序号	公司名称	外资参股情况		是否在境外国家或地区设立分支机构
		境外股东名称	出资比例	
127	华融基金管理有限公司			否
128	明亚基金管理有限责任公司			否
129	贝莱德基金管理有限公司	贝莱德金融管理公司	100%	否
130	达诚基金管理有限责任公司			否
131	兴华基金管理有限公司			否
132	东兴基金管理有限公司			否
133	瑞达基金管理有限公司			否
134	汇泉基金管理有限公司			否
135	百嘉基金管理有限公司			否
136	尚正基金管理有限公司			否
137	易米基金管理有限公司			否

附表4　期货公司一览表

序号	名称	年度评级	外资控股参股情况		是否在香港特区设立分支机构
			境外股东名称	出资比例	
1	安粮期货股份有限公司	BBB			否
2	宝城期货有限责任公司	BBB			否
3	北京首创期货有限责任公司	BBB			否
4	倍特期货有限公司	BB			否
5	渤海期货股份有限公司	A			否
6	财达期货有限公司	CC			否
7	财信期货有限公司	BBB			否
8	长安期货有限公司	BB			否
9	长城期货股份有限公司	CCC			否
10	长江期货股份有限公司	A			否
11	晟鑫期货经纪有限公司	B			否
12	盛达期货有限公司	BB			否
13	创元期货股份有限公司	BBB			否
14	大地期货有限公司	BBB			是
15	大通期货经纪有限公司	D			否
16	大有期货有限公司	BBB			否
17	大越期货股份有限公司	B			否
18	道通期货经纪有限公司	B			否
19	第一创业期货有限责任公司	BB			否
20	东方汇金期货有限公司	D			否
21	东海期货有限责任公司	A			否
22	东航期货有限公司	BBB			否
23	东吴期货有限公司	A			否
24	东兴期货有限责任公司	BB			否
25	方正中期期货有限公司	AA			否

续表

序号	名称	年度评级	外资控股参股情况		是否在香港特区设立分支机构
			境外股东名称	出资比例	
26	佛山金控期货有限公司	B			否
27	福能期货股份有限公司	BB			否
28	格林大华期货有限公司	BBB			否
29	冠通期货股份有限公司	BB			否
30	光大期货有限公司	AA			否
31	广发期货有限公司	AA			是
32	广州金控期货有限公司	B			否
33	广州期货股份有限公司	BBB			否
34	国盛期货有限责任公司	B			否
35	国都期货有限公司	B			否
36	国富期货有限公司	B			否
37	国海良时期货有限公司	BBB			否
38	国金期货有限责任公司	BBB			否
39	国联期货股份有限公司	BBB			否
40	国贸期货有限公司	A			是
41	国泰君安期货有限公司	AA			否
42	国投安信期货有限公司	AA			否
43	国信期货有限责任公司	A			否
44	国元期货有限公司	BBB			否
45	海航期货股份有限公司	BB			否
46	海通期货股份有限公司	A			是
47	海证期货有限公司	BBB			否
48	和合期货有限公司	D			否
49	和融期货有限责任公司	BB			否
50	恒银期货有限公司	BBB			否
51	恒泰期货股份有限公司	B			否
52	恒力期货有限公司	BB			否

续表

序号	名称	年度评级	外资控股参股情况 境外股东名称	出资比例	是否在香港特区设立分支机构
53	宏源期货有限公司	A			否
54	弘业期货股份有限公司	A			是
55	红塔期货有限责任公司	BB			否
56	华安期货有限责任公司	A			否
57	华创期货有限责任公司	BBB			否
58	华金期货有限公司	BB			否
59	华联期货有限公司	BBB			否
60	华龙期货股份有限公司	BB			否
61	华融期货有限责任公司	CC			否
62	华融融达期货股份有限公司	A			否
63	华泰期货有限公司	AA			是
64	华闻期货有限公司	B			否
65	华西期货有限责任公司	BBB			否
66	华鑫期货有限公司	CCC			否
67	徽商期货有限责任公司	A			否
68	混沌天成期货股份有限公司	BBB			是
69	建信期货有限责任公司	A			否
70	江海汇鑫期货有限公司	BB			否
71	江苏东华期货有限公司	B			否
72	江西瑞奇期货有限公司	B			否
73	津投期货经纪有限公司	B			否
74	金鹏期货经纪有限公司	BBB			否
75	金瑞期货股份有限公司	BBB			是
76	金石期货有限公司	BB			否
77	金信期货有限公司	C			否
78	金元期货股份有限公司	BB			否
79	锦泰期货有限公司	BBB			否

续表

序号	名称	年度评级	外资控股参股情况 境外股东名称	外资控股参股情况 出资比例	是否在香港特区设立分支机构
80	九州期货有限公司	CC			否
81	鲁证期货股份有限公司	A			否
82	迈科期货股份有限公司	BB			否
83	美尔雅期货有限公司	BBB			否
84	民生期货有限公司	BB			否
85	摩根大通期货有限公司	BBB	摩根大通经纪（香港）有限公司	100%	否
86	南华期货股份有限公司	AA			是
87	宁证期货有限责任公司	BB			否
88	平安期货有限公司	A			否
89	乾坤期货有限公司	BB			否
90	前海期货有限公司	C			否
91	瑞达期货股份有限公司	AA			是
92	瑞银期货有限责任公司	BB			否
93	山金期货有限公司	BB			否
94	山西三立期货经纪有限公司	BBB			否
95	上海大陆期货有限公司	BBB			否
96	上海东方财富期货有限公司	BBB			否
97	上海东方期货经纪有限责任公司	D			否
98	上海东亚期货有限公司	B			否
99	上海东证期货有限公司	AA			是
100	上海浙石期货经纪有限公司	BB			否
101	上海中期期货股份有限公司	A			否
102	深圳市中金岭南期货有限公司	BB			否
103	申银万国期货有限公司	AA			否
104	神华期货有限公司	B			否
105	首创京都期货有限公司	BB			否

续表

序号	名称	年度评级	外资控股参股情况		是否在香港特区设立分支机构
			境外股东名称	出资比例	
106	天风期货股份有限公司	B			否
107	天富期货有限公司	B			否
108	天鸿期货经纪有限公司	CCC			否
109	通惠期货有限公司	CCC			否
110	铜冠金源期货有限公司	BB			否
111	五矿期货有限公司	AA			是
112	物产中大期货有限公司	BB			是
113	西部期货有限公司	B			否
114	西南期货有限公司	BB			否
115	先锋期货有限公司	BB			否
116	新湖期货股份有限公司	A			否
117	新纪元期货股份有限公司	D			否
118	鑫鼎盛期货有限公司	B			否
119	信达期货有限公司	BBB			否
120	兴业期货有限公司	A			否
121	兴证期货有限公司	A			否
122	一德期货有限公司	BBB			否
123	银河期货有限公司	AA			否
124	英大期货有限公司	BBB			否
125	永安期货股份有限公司	AA			是
126	永商期货有限公司	B			否
127	云财富期货有限公司	BB			否
128	云晨期货有限责任公司	CCC			否
129	招金期货有限公司	B			否
130	招商期货有限公司	A			否
131	浙江新世纪期货有限公司	BB			否
132	浙商期货有限公司	AA			是

续表

序号	名称	年度评级	外资控股参股情况		是否在香港特区设立分支机构
			境外股东名称	出资比例	
133	中财期货有限公司	BB			否
134	中电投先融期货股份有限公司	BBB			否
135	中钢期货有限公司	BB			否
136	中国国际期货股份有限公司	BBB			是
137	中航期货有限公司	BB			否
138	中辉期货有限公司	BBB			否
139	中金期货有限公司	A			否
140	中粮期货有限公司	AA			是
141	中融汇信期货有限公司	BB			否
142	中天期货有限责任公司	BB			否
143	中投天琪期货有限公司	BB			否
144	中信建投期货有限公司	AA			否
145	中信期货有限公司	AA			是
146	中衍期货有限公司	BB			否
147	中银国际期货有限责任公司	A			否
148	中原期货股份有限公司	BB			否
149	中州期货有限公司	B			否
150	山东港信期货有限公司	—			否

附表5　　合格境外投资者一览表

序号	中文名称	注册地	批准日期	主托管行
1	瑞士银行	瑞士	2003/5/23	花旗银行
2	野村证券株式会社	日本	2003/5/23	农业银行
3	摩根士丹利国际股份有限公司	英国	2003/6/5	汇丰银行
4	花旗环球金融有限公司	英国	2003/6/5	德意志银行
5	高盛公司	美国	2003/7/4	汇丰银行
6	德意志银行	德国	2003/7/30	花旗银行
7	香港上海汇丰银行有限公司	中国香港	2003/8/4	建设银行
8	摩根大通银行	美国	2003/9/30	汇丰银行
9	瑞士信贷（香港）有限公司	中国香港	2003/10/24	汇丰银行
10	渣打银行（香港）有限公司	中国香港	2003/12/11	中国银行
11	日兴资产管理有限公司	日本	2003/12/11	交通银行
12	美林国际	英国	2004/4/30	汇丰银行
13	恒生银行有限公司	中国香港	2004/5/10	建设银行
14	大和证券株式会社	日本	2004/5/10	工商银行
15	比尔及梅林达盖茨信托基金会	美国	2004/7/19	汇丰银行
16	景顺资产管理有限公司	英国	2004/8/4	中国银行
17	法国兴业银行	法国	2004/9/2	汇丰银行
18	巴克莱银行	英国	2004/9/15	渣打银行
19	德国商业银行	德国	2004/9/27	工商银行
20	法国巴黎银行	法国	2004/9/29	工商银行
21	加拿大鲍尔公司	加拿大	2004/10/15	建设银行
22	东方汇理银行	法国	2004/10/15	汇丰银行
23	高盛国际资产管理公司	英国	2005/5/9	汇丰银行
24	马丁可利投资管理有限公司	英国	2005/10/25	花旗银行
25	新加坡政府投资有限公司	新加坡	2005/10/25	渣打银行
26	柏瑞投资有限责任公司	美国	2005/11/14	中国银行
27	淡马锡富敦投资有限公司	新加坡	2005/11/15	汇丰银行
28	JF资产管理有限公司	中国香港	2005/12/28	建设银行

续表

序号	中文名称	注册地	批准日期	主托管行
29	日本第一生命保险株式会社	日本	2005/12/28	中国银行
30	星展银行有限公司	新加坡	2006/2/13	农业银行
31	安保资本投资有限公司	澳大利亚	2006/4/10	建设银行
32	加拿大丰业银行	加拿大	2006/4/10	中国银行
33	比联金融产品英国有限公司	英国	2006/4/10	花旗银行
34	爱德蒙得洛希尔（法国）	法国	2006/4/10	中国银行
35	耶鲁大学	美国	2006/4/14	汇丰银行
36	摩根士丹利投资管理公司	美国	2006/7/7	汇丰银行
37	瀚亚投资（香港）有限公司	中国香港	2006/7/7	农业银行
38	斯坦福大学	美国	2006/8/5	汇丰银行
39	大华银行有限公司	新加坡	2006/8/5	工商银行
40	施罗德投资管理有限公司	英国	2006/8/29	交通银行
41	汇丰环球投资管理（香港）有限公司	中国香港	2006/9/5	交通银行
42	瑞穗证券株式会社	日本	2006/9/5	建设银行
43	三井住友德思资产管理株式会社	日本	2006/9/25	花旗银行
44	瑞银资产管理（新加坡）有限公司	新加坡	2006/9/25	汇丰银行
45	挪威中央银行	挪威	2006/10/24	花旗银行
46	百达资产管理有限公司	英国	2006/10/25	汇丰银行
47	哥伦比亚大学	美国	2008/3/12	汇丰银行
48	荷宝基金管理公司	荷兰	2008/5/5	花旗银行
49	道富环球投资管理亚洲有限公司	中国香港	2008/5/16	建设银行
50	比利时联合资产管理有限公司	比利时	2008/6/2	工商银行
51	铂金投资管理有限公司	澳大利亚	2008/6/2	汇丰银行
52	未来资产基金管理公司	韩国	2008/7/25	工商银行
53	安达国际控股有限公司	美国	2008/8/5	工商银行
54	魁北克储蓄投资集团	加拿大	2008/8/22	汇丰银行
55	哈佛大学	美国	2008/8/22	工商银行
56	三星资产运用株式会社	韩国	2008/8/25	汇丰银行
57	联博有限公司	英国	2008/8/28	汇丰银行
58	华侨银行有限公司	新加坡	2008/8/28	建设银行

续表

序号	中文名称	注册地	批准日期	主托管行
59	首源投资（英国）有限公司	英国	2008/9/11	花旗银行
60	大和资产管理株式会社	日本	2008/9/11	汇丰银行
61	普信投资公司	美国	2008/9/12	汇丰银行
62	壳牌资产管理有限公司	荷兰	2008/9/12	花旗银行
63	瑞士信贷银行股份有限公司	瑞士	2008/10/14	工商银行
64	大华资产管理有限公司	新加坡	2008/11/28	工商银行
65	阿布达比投资局	阿联酋	2008/12/3	汇丰银行
66	安联环球投资有限公司	德国	2008/12/16	汇丰银行
67	资本国际公司	美国	2008/12/18	汇丰银行
68	三菱日联摩根士丹利证券股份有限公司	日本	2008/12/29	中国银行
69	韩华资产运用株式会社	韩国	2009/2/5	工商银行
70	韩国产业银行	韩国	2009/4/23	建设银行
71	韩国友利银行股份有限公司	韩国	2009/5/4	工商银行
72	马来西亚国家银行	马来西亚	2009/5/19	汇丰银行
73	邓普顿投资顾问有限公司	美国	2009/6/5	汇丰银行
74	东亚联丰投资管理有限公司	中国香港	2009/6/18	工商银行
75	三井住友信托银行股份有限公司	日本	2009/6/26	花旗银行
76	韩国投资信托运用株式会社	韩国	2009/7/21	工商银行
77	霸菱资产管理有限公司	英国	2009/8/6	汇丰银行
78	安石投资管理有限公司	英国	2009/9/14	汇丰银行
79	纽约梅隆资产管理国际有限公司	英国	2009/11/6	建设银行
80	宏利投资管理（香港）有限公司	中国香港	2009/11/20	工商银行
81	野村资产管理株式会社	日本	2009/11/23	工商银行
82	友利资产运用株式会社	韩国	2009/12/11	汇丰银行
83	加拿大皇家银行	加拿大	2009/12/23	工商银行
84	英杰华投资集团全球服务有限公司	英国	2009/12/28	工商银行
85	顶峰资产管理有限公司	日本	2010/4/20	汇丰银行
86	法国欧菲资产管理公司	法国	2010/5/21	渣打银行
87	安本亚洲有限公司	新加坡	2010/7/6	花旗银行
88	KB资产运用	韩国	2010/8/9	花旗银行

续表

序号	中文名称	注册地	批准日期	主托管行
89	富达基金（香港）有限公司	中国香港	2010/9/1	汇丰银行
90	香港金融管理局	中国香港	2010/10/27	花旗银行
91	富邦证券投资信托股份有限公司	中国台湾	2010/10/29	建设银行
92	群益证券投资信托股份有限公司	中国台湾	2010/10/29	汇丰银行
93	蒙特利尔银行投资公司	加拿大	2010/12/6	工商银行
94	瑞士宝盛银行	瑞士	2010/12/14	花旗银行
95	科提比资产运用株式会社	韩国	2010/12/28	建设银行
96	领先资产管理	法国	2011/2/16	建设银行
97	元大证券投资信托股份有限公司	中国台湾	2011/3/4	农业银行
98	忠利保险有限公司	意大利	2011/3/18	工商银行
99	西班牙对外银行有限公司	西班牙	2011/5/6	中信银行
100	国泰证券投资信托股份有限公司	中国台湾	2011/6/9	农业银行
101	复华证券投资信托股份有限公司	中国台湾	2011/6/9	花旗银行
102	亢简资产管理公司	法国	2011/6/24	德意志银行
103	贝莱德机构信托公司	美国	2011/7/14	汇丰银行
104	东方汇理资产管理香港有限公司	中国香港	2011/7/14	建设银行
105	GMO 有限责任公司	美国	2011/8/9	汇丰银行
106	新加坡金融管理局	新加坡	2011/10/8	汇丰银行
107	中国人寿保险股份有限公司（台湾）	中国台湾	2011/10/26	建设银行
108	新光人寿保险股份有限公司	中国台湾	2011/10/26	中国银行
109	普林斯顿大学	美国	2011/11/25	汇丰银行
110	泛达公司	美国	2011/12/9	工商银行
111	加拿大年金计划投资委员会	加拿大	2011/12/9	汇丰银行
112	瀚博环球投资公司	美国	2011/12/13	渣打银行
113	安耐德合伙人有限公司	美国	2011/12/13	建设银行
114	泰国银行	泰国	2011/12/16	汇丰银行
115	博时基金（国际）有限公司	中国香港	2011/12/21	汇丰银行
116	大成国际资产管理有限公司	中国香港	2011/12/21	中国银行
117	华安资产管理（香港）有限公司	中国香港	2011/12/21	建设银行
118	科威特政府投资局	科威特	2011/12/21	工商银行

续表

序号	中文名称	注册地	批准日期	主托管行
119	北美信托环球投资公司	英国	2011/12/21	交通银行
120	台湾人寿保险股份有限公司	中国台湾	2011/12/21	工商银行
121	韩国银行	韩国	2011/12/21	汇丰银行
122	海富通资产管理（香港）有限公司	中国香港	2011/12/21	中国银行
123	华夏基金（香港）有限公司	中国香港	2011/12/21	汇丰银行
124	汇添富资产管理（香港）有限公司	中国香港	2011/12/21	中国银行
125	嘉实国际资产管理有限公司	中国香港	2011/12/21	汇丰银行
126	南方东英资产管理有限公司	中国香港	2011/12/21	汇丰银行
127	易方达资产管理（香港）有限公司	中国香港	2011/12/21	建设银行
128	中国国际金融（香港）有限公司	中国香港	2011/12/22	渣打银行
129	国信证券（香港）金融控股有限公司	中国香港	2011/12/22	中国银行
130	光大证券金融控股有限公司	中国香港	2011/12/22	工商银行
131	华泰金融控股（香港）有限公司	中国香港	2011/12/22	中国银行
132	国泰君安金融控股有限公司	中国香港	2011/12/22	工商银行
133	海通国际控股有限公司	中国香港	2011/12/22	汇丰银行
134	广发控股（香港）有限公司	中国香港	2011/12/22	工商银行
135	招商证券国际有限公司	中国香港	2011/12/22	交通银行
136	申万宏源（国际）集团有限公司	中国香港	2011/12/22	交通银行
137	中信证券国际有限公司	中国香港	2011/12/22	中国银行
138	安信国际金融控股有限公司	中国香港	2011/12/22	中国银行
139	国元国际控股有限公司	中国香港	2011/12/22	汇丰银行
140	安大略省教师养老金计划委员会	加拿大	2011/12/22	汇丰银行
141	罗素投资爱尔兰有限公司	爱尔兰	2011/12/28	汇丰银行
142	韩国投资公司	韩国	2011/12/28	汇丰银行
143	迈世勒资产管理有限责任公司	德国	2011/12/31	工商银行
144	华宜资产运用有限公司	韩国	2011/12/31	工商银行
145	国民年金公团（韩国）	韩国	2012/1/5	汇丰银行
146	新韩法国巴黎资产运用株式会社	韩国	2012/1/5	汇丰银行
147	三商美邦人寿保险股份有限公司	中国台湾	2012/1/30	汇丰银行
148	保德信证券投资信托股份有限公司	中国台湾	2012/1/31	汇丰银行

续表

序号	中文名称	注册地	批准日期	主托管行
149	信安环球投资有限公司	美国	2012/1/31	建设银行
150	全球人寿保险股份有限公司	中国台湾	2012/2/3	花旗银行
151	大众信托基金有限公司	马来西亚	2012/2/3	花旗银行
152	明治安田资产管理有限公司	日本	2012/2/27	花旗银行
153	国泰人寿保险股份有限公司	中国台湾	2012/2/28	中国银行
154	三井住友银行株式会社	日本	2012/2/28	中国银行
155	富邦人寿保险股份有限公司	中国台湾	2012/3/1	花旗银行
156	友邦保险有限公司	中国香港	2012/3/5	中国银行
157	纽伯格伯曼欧洲有限公司	英国	2012/3/5	工商银行
158	马来西亚国库控股公司	马来西亚	2012/3/7	工商银行
159	资本研究与管理公司	美国	2012/3/9	汇丰银行
160	日本东京海上资产管理株式会社	日本	2012/3/14	汇丰银行
161	韩亚金融投资株式会社	韩国	2012/3/29	汇丰银行
162	兴元资产管理有限公司	美国	2012/3/30	德意志银行
163	伦敦市投资管理有限公司	英国	2012/3/30	汇丰银行
164	摩根资产管理（英国）有限公司	英国	2012/3/30	工商银行
165	冈三资产管理股份有限公司	日本	2012/3/30	汇丰银行
166	预知投资管理公司	南非	2012/4/18	工商银行
167	东部资产运用株式会社	韩国	2012/4/20	建设银行
168	瀚森全球投资有限公司	英国	2012/4/28	渣打银行
169	欧利盛资产管理有限公司	卢森堡	2012/5/2	工商银行
170	中银国际英国保诚资产管理有限公司	中国香港	2012/5/3	渣打银行
171	富敦资金管理有限公司	新加坡	2012/5/4	汇丰银行
172	利安资金管理公司	新加坡	2012/5/7	中国银行
173	忠利银行基金管理卢森堡有限责任公司	卢森堡	2012/5/23	建设银行
174	威廉博莱公司	美国	2012/5/24	汇丰银行
175	天达资产管理有限公司	英国	2012/5/28	汇丰银行
176	安智投资管理亚太（香港）有限公司	中国香港	2012/6/4	花旗银行
177	三菱日联国际资产管理公司	日本	2012/6/4	汇丰银行
178	中银集团人寿保险有限公司	中国香港	2012/7/12	农业银行

续表

序号	中文名称	注册地	批准日期	主托管行
179	霍尔资本有限公司	美国	2012/8/6	花旗银行
180	得克萨斯大学体系董事会	美国	2012/8/6	汇丰银行
181	南山人寿保险股份有限公司	中国台湾	2012/8/6	工商银行
182	工银瑞信资产管理（国际）有限公司	中国香港	2012/8/7	汇丰银行
183	广发国际资产管理有限公司	中国香港	2012/8/7	工商银行
184	SUVA 瑞士国家工伤保险机构	瑞士	2012/8/13	花旗银行
185	不列颠哥伦比亚省投资管理公司	加拿大	2012/8/17	汇丰银行
186	惠理基金管理香港有限公司	中国香港	2012/8/21	汇丰银行
187	安大略退休金管理委员会	加拿大	2012/8/29	汇丰银行
188	教会养老基金	美国	2012/8/31	工商银行
189	麦格理银行有限公司	澳大利亚	2012/9/4	汇丰银行
190	海通国际资产管理（香港）有限公司	中国香港	2012/9/20	交通银行
191	IDG 资本管理（香港）有限公司	中国香港	2012/9/20	建设银行
192	瑞典第二国家养老金	瑞典	2012/9/20	汇丰银行
193	杜克大学	美国	2012/9/24	工商银行
194	卡塔尔控股有限责任公司	卡塔尔	2012/9/25	农业银行
195	瑞士盈丰银行股份有限公司	瑞士	2012/9/26	花旗银行
196	贝莱德资产管理北亚有限公司	中国香港	2012/10/26	汇丰银行
197	海拓投资管理公司	美国	2012/10/26	中国银行
198	奥博医疗顾问有限公司	美国	2012/10/26	花旗银行
199	上投摩根资产管理（香港）有限公司	中国香港	2012/10/26	中国银行
200	新思路投资有限公司	新加坡	2012/10/26	汇丰银行
201	摩根证券投资信托股份有限公司	中国台湾	2012/11/5	建设银行
202	全球保险集团美国投资管理有限公司	美国	2012/11/5	花旗银行
203	鼎晖投资咨询新加坡有限公司	新加坡	2012/11/7	建设银行
204	瑞典北欧斯安银行有限公司	瑞典	2012/11/12	中国银行
205	道明资产管理公司	加拿大	2012/11/21	汇丰银行
206	统一证券投资信托股份有限公司	中国台湾	2012/11/21	汇丰银行
207	毕盛资产管理有限公司	新加坡	2012/11/27	建设银行
208	中信里昂资产管理有限公司	中国香港	2012/12/11	工商银行

续表

序号	中文名称	注册地	批准日期	主托管行
209	太平洋投资策略有限公司	中国香港	2012/12/11	建设银行
210	HHLR 管理有限公司	新加坡	2012/12/11	建设银行
211	永丰证券投资信托股份有限公司	中国台湾	2012/12/13	工商银行
212	富国资产管理（香港）有限公司	中国香港	2012/12/17	汇丰银行
213	宜思投资管理有限责任公司	瑞典	2013/1/7	花旗银行
214	第一金证券投资信托股份有限公司	中国台湾	2013/1/24	汇丰银行
215	瑞银资产管理（香港）有限公司	中国香港	2013/1/24	汇丰银行
216	太平洋投资管理公司亚洲私营有限公司	新加坡	2013/1/24	汇丰银行
217	EJS 投资管理有限公司	瑞士	2013/1/31	交通银行
218	国泰君安资产管理（亚洲）有限公司	中国香港	2013/2/21	交通银行
219	诺安基金（香港）有限公司	中国香港	2013/2/22	工商银行
220	招商证券资产管理（香港）有限公司	中国香港	2013/2/22	交通银行
221	泰康资产管理（香港）有限公司	中国香港	2013/2/22	工商银行
222	国民证券株式会社	韩国	2013/3/22	建设银行
223	工银资管（全球）有限公司	中国香港	2013/3/25	建设银行
224	建银国际资产管理有限公司	中国香港	2013/3/25	工商银行
225	Azimut 投资股份有限公司	卢森堡	2013/4/11	汇丰银行
226	亚洲资本再保险集团私人有限公司	新加坡	2013/4/11	花旗银行
227	兴证（香港）金融控股有限公司	中国香港	2013/4/25	兴业银行
228	台新证券投资信托股份有限公司	中国台湾	2013/4/27	建设银行
229	汇丰中华证券投资信托股份有限公司	中国台湾	2013/5/10	交通银行
230	农银国际资产管理有限公司	中国香港	2013/5/15	中国银行
231	太平资产管理（香港）有限公司	中国香港	2013/5/15	建设银行
232	东吴证券（国际）金融控股有限公司	中国香港	2013/5/16	中国银行
233	中国国际金融香港资产管理有限公司	中国香港	2013/5/16	建设银行
234	东方金融控股（香港）有限公司	中国香港	2013/5/23	中国银行
235	中国光大资产管理有限公司	中国香港	2013/5/30	汇丰银行
236	恒生投资管理有限公司	中国香港	2013/6/4	建设银行
237	兆丰国际证券投资信托股份有限公司	中国台湾	2013/6/4	德意志银行
238	法国巴黎投资管理亚洲有限公司	中国香港	2013/6/19	中国银行

续表

序号	中文名称	注册地	批准日期	主托管行
239	圣母大学	美国	2013/6/19	汇丰银行
240	横华国际资产管理有限公司	中国香港	2013/7/15	交通银行
241	长江证券控股（香港）有限公司	中国香港	2013/7/15	汇丰银行
242	纽堡亚洲	美国	2013/7/15	汇丰银行
243	华南永昌证券投资信托股份有限公司	中国台湾	2013/7/15	花旗银行
244	景林资产管理香港有限公司	中国香港	2013/7/15	汇丰银行
245	中银香港资产管理有限公司	中国香港	2013/7/15	农业银行
246	中国平安资产管理（香港）有限公司	中国香港	2013/7/19	中国银行
247	信达国际资产管理有限公司	中国香港	2013/7/19	建设银行
248	弘收投资管理（香港）有限公司	中国香港	2013/7/19	工商银行
249	东亚银行有限公司	中国香港	2013/8/15	中国银行
250	永丰金资产管理（亚洲）有限公司	中国香港	2013/8/15	工商银行
251	交银国际资产管理有限公司	中国香港	2013/8/20	汇丰银行
252	中国东方国际资产管理有限公司	中国香港	2013/8/20	中国银行
253	中国信托人寿保险股份有限公司	中国台湾	2013/8/20	中国银行
254	凯思博投资管理（香港）有限公司	中国香港	2013/8/20	工商银行
255	富邦产物保险股份有限公司	中国台湾	2013/8/26	工商银行
256	欧特咨询有限公司	英国	2013/8/26	汇丰银行
257	盛树投资管理有限公司	新加坡	2013/8/26	汇丰银行
258	柏瑞投资香港有限公司	中国香港	2013/9/26	汇丰银行
259	创兴银行有限公司	中国香港	2013/9/26	建设银行
260	梅奥诊所	美国	2013/9/29	汇丰银行
261	国信证券（香港）资产管理有限公司	中国香港	2013/9/29	工商银行
262	政府养老基金（泰国）	泰国	2013/10/24	建设银行
263	CSAM 资产管理有限公司	新加坡	2013/10/30	建设银行
264	摩根资产管理（亚太）有限公司	中国香港	2013/10/30	建设银行
265	未来资产环球投资（香港）有限公司	中国香港	2013/10/30	工商银行
266	香港沪光国际投资管理有限公司	中国香港	2013/10/30	中国银行
267	中信建投（国际）金融控股有限公司	中国香港	2013/10/30	中国银行
268	狮诚控股国际私人有限公司	新加坡	2013/10/30	汇丰银行

续表

序号	中文名称	注册地	批准日期	主托管行
269	中国人寿富兰克林资产管理有限公司	中国香港	2013/10/30	建设银行
270	瑞银韩亚资产运用株式会社	韩国	2013/10/31	汇丰银行
271	国泰世华商业银行股份有限公司	中国台湾	2013/11/7	工商银行
272	立陶宛银行	立陶宛	2013/11/23	汇丰银行
273	富兰克林华美证券投资信托股份有限公司	中国台湾	2013/11/23	农业银行
274	中国信托商业银行股份有限公司	中国台湾	2013/11/23	中国银行
275	国金证券（香港）有限公司	中国香港	2013/12/6	建设银行
276	中国银河国际金融控股有限公司	中国香港	2013/12/11	汇丰银行
277	永隆资产管理有限公司	中国香港	2013/12/30	交通银行
278	华宝资产管理（香港）有限公司	中国香港	2014/1/20	中国银行
279	易亚投资管理有限公司	中国香港	2014/1/20	德意志银行
280	华盛顿大学	美国	2014/1/23	汇丰银行
281	澳门金融管理局	澳门	2014/1/27	中国银行
282	史帝夫尼可洛司股份有限公司	美国	2014/1/27	汇丰银行
283	职总英康保险合作社有限公司	新加坡	2014/1/27	汇丰银行
284	Invesco PowerShares 资产管理有限公司	美国	2014/1/27	建设银行
285	瑞士再保险私人有限公司	瑞士	2014/1/27	花旗银行
286	Nordea 投资管理公司	瑞典	2014/1/27	汇丰银行
287	嘉理资产管理有限公司	中国香港	2014/3/6	建设银行
288	施罗德投资管理（香港）有限公司	中国香港	2014/3/6	汇丰银行
289	街口证券投资信托股份有限公司	中国台湾	2014/3/11	工商银行
290	喀斯喀特有限责任公司	美国	2014/3/11	德意志银行
291	铭基国际投资公司	美国	2014/3/12	汇丰银行
292	奥本海默基金公司	美国	2014/3/19	汇丰银行
293	越秀资产管理有限公司	中国香港	2014/3/26	德意志银行
294	润晖投资管理香港有限公司	中国香港	2014/3/27	建设银行
295	高观投资有限公司	中国香港	2014/4/8	汇丰银行
296	赤子之心资本亚洲有限公司	中国香港	2014/4/15	花旗银行
297	招商资产（香港）有限公司	中国香港	2014/5/21	交通银行
298	日兴资产管理亚洲有限公司	新加坡	2014/5/21	汇丰银行

续表

序号	中文名称	注册地	批准日期	主托管行
299	辉立资本管理（香港）有限公司	中国香港	2014/6/3	渣打银行
300	台新国际商业银行股份有限公司	中国台湾	2014/6/3	建设银行
301	长盛基金（香港）有限公司	中国香港	2014/6/12	工商银行
302	贝莱德顾问（英国）有限公司	英国	2014/6/13	汇丰银行
303	汇丰环球资产管理（英国）有限公司	英国	2014/6/16	交通银行
304	花旗集团基金管理有限公司	中国香港	2014/6/16	德意志银行
305	中泰金融国际有限公司	中国香港	2014/6/27	交通银行
306	三星资产运用（香港）有限公司	中国香港	2014/6/30	汇丰银行
307	爱斯普乐基金管理公司	韩国	2014/7/24	花旗银行
308	新华资产管理（香港）有限公司	中国香港	2014/7/24	建设银行
309	彭博家族基金会	美国	2014/7/25	汇丰银行
310	元富证券（香港）有限公司	中国香港	2014/7/28	渣打银行
311	石溪集团	美国	2014/7/28	花旗银行
312	国泰君安基金管理有限公司	中国香港	2014/8/11	工商银行
313	财通国际资产管理有限公司	中国香港	2014/8/12	工商银行
314	联博香港有限公司	中国香港	2014/8/12	建设银行
315	元大宝来证券（香港）有限公司	中国香港	2014/8/15	中国银行
316	安本亚洲有限公司	新加坡	2014/8/15	花旗银行
317	法国巴黎投资管理	法国	2014/8/27	汇丰银行
318	晋达英国有限公司	英国	2014/8/28	汇丰银行
319	凯敏雅克资产管理公司	法国	2014/9/19	汇丰银行
320	麻省理工学院	美国	2014/9/19	汇丰银行
321	万金全球香港有限公司	中国香港	2014/9/22	花旗银行
322	高盛国际	英国	2014/9/22	汇丰银行
323	安盛基金管理有限公司	卢森堡	2014/10/8	汇丰银行
324	融通国际资产管理有限公司	中国香港	2014/10/8	工商银行
325	上海商业银行有限公司	中国香港	2014/10/13	交通银行
326	中诚国际资本有限公司	中国香港	2014/10/31	交通银行
327	亨茂资产管理有限公司	中国香港	2014/11/19	工商银行
328	赛德堡资本（英国）有限公司	英国	2014/11/19	建设银行

续表

序号	中文名称	注册地	批准日期	主托管行
329	霸菱资产管理（亚洲）有限公司	中国香港	2014/11/25	汇丰银行
330	信安环球投资（香港）有限公司	中国香港	2014/11/25	建设银行
331	施罗德投资管理（新加坡）有限公司	新加坡	2014/12/1	汇丰银行
332	未来资产环球投资有限公司	韩国	2014/12/4	工商银行
333	威灵顿投资管理国际有限公司	英国	2014/12/10	汇丰银行
334	加拿大丰业亚洲有限公司	新加坡	2014/12/12	中国银行
335	摩根资产管理（新加坡）有限公司	新加坡	2014/12/24	建设银行
336	NH-AMUNDI 资产管理有限公司	韩国	2014/12/26	汇丰银行
337	富舜资产管理（香港）有限公司	中国香港	2014/12/26	中国银行
338	申万宏源投资管理（亚洲）有限公司	中国香港	2014/12/30	工商银行
339	宾夕法尼亚大学校董会	美国	2015/1/5	汇丰银行
340	广发资产管理（香港）有限公司	中国香港	2015/1/7	工商银行
341	路伯迈新加坡有限公司	新加坡	2015/1/22	渣打银行
342	TRUSTON 资产管理有限公司	韩国	2015/1/22	汇丰银行
343	大信资产运用株式会社	韩国	2015/1/22	中国银行
344	麦盛资产管理（亚洲）有限公司	中国香港	2015/1/22	兴业银行
345	景顺投资管理有限公司	中国香港	2015/2/6	汇丰银行
346	MY Asset 投资管理有限公司	韩国	2015/2/6	汇丰银行
347	德意志资产及财富管理投资有限公司	德国	2015/2/6	汇丰银行
348	新韩金融投资公司	韩国	2015/2/16	汇丰银行
349	兴国资产管理公司	韩国	2015/2/16	汇丰银行
350	英杰华投资亚洲私人有限公司	新加坡	2015/2/17	汇丰银行
351	中国建设银行（伦敦）有限公司	英国	2015/2/17	汇丰银行
352	达杰资金管理有限公司	新加坡	2015/2/27	汇丰银行
353	玉山商业银行股份有限公司	中国台湾	2015/2/27	中国银行
354	KKR 新加坡有限公司	新加坡	2015/3/2	建设银行
355	领航投资澳洲有限公司	澳大利亚	2015/3/2	汇丰银行
356	兴元投资管理有限公司	英国	2015/3/6	德意志银行
357	未来资产证券株式会社	韩国	2015/3/25	汇丰银行
358	加利福尼亚大学校董会	美国	2015/3/25	德意志银行

续表

序号	中文名称	注册地	批准日期	主托管行
359	信诚资产管理（新加坡）有限公司	新加坡	2015/3/31	德意志银行
360	三星生命保险（株）	韩国	2015/3/31	中国银行
361	教保安盛资产运用（株）	韩国	2015/4/2	汇丰银行
362	迈睿思资产管理有限公司	韩国	2015/4/8	交通银行
363	安联环球投资新加坡有限公司	新加坡	2015/4/8	汇丰银行
364	方圆基金管理（香港）有限公司	中国香港	2015/4/8	中国银行
365	三星证券株式会社	韩国	2015/4/17	汇丰银行
366	GAM 国际管理有限公司	英国	2015/4/17	汇丰银行
367	华宜资产运用株式会社	韩国	2015/5/6	工商银行
368	嘉实国际资产管理（英国）有限公司	英国	2015/5/6	汇丰银行
369	文莱投资局	文莱	2015/5/7	渣打银行
370	台湾银行股份有限公司	中国台湾	2015/5/20	汇丰银行
371	淡水泉（香港）投资管理有限公司	中国香港	2015/5/20	汇丰银行
372	安联证券投资信托股份有限公司	中国台湾	2015/5/21	德意志银行
373	瑞士再保险股份有限公司	瑞士	2015/6/2	汇丰银行
374	安信资产管理（香港）有限公司	中国香港	2015/6/2	渣打银行
375	日盛证券投资信托股份有限公司	中国台湾	2015/6/2	德意志银行
376	蓝海资产管理公司	英国	2015/6/26	汇丰银行
377	KB 资产运用有限公司	韩国	2015/6/29	汇丰银行
378	CI 投资管理公司	加拿大	2015/6/29	汇丰银行
379	泛亚投资管理有限公司	瑞士	2015/6/29	汇丰银行
380	元大证券株式会社	韩国	2015/7/28	汇丰银行
381	大信证券（株）	韩国	2015/7/28	汇丰银行
382	UBI 资产管理公司	法国	2015/7/28	工商银行
383	韩国投资证券株式会社	韩国	2015/8/10	汇丰银行
384	IBK 投资证券株式会社	韩国	2015/8/10	汇丰银行
385	三星火灾海上保险公司	韩国	2015/8/31	汇丰银行
386	东方汇理资产管理新加坡有限公司	新加坡	2015/8/31	农业银行
387	Multi Asset 基金管理公司	韩国	2015/8/31	汇丰银行
388	忠诚保险有限公司	葡萄牙	2015/8/31	工商银行

续表

序号	中文名称	注册地	批准日期	主托管行
389	东方汇理资产管理	法国	2015/9/17	汇丰银行
390	Kiwoom 投资资产管理有限公司	韩国	2015/9/23	汇丰银行
391	现代投资公司（株）	韩国	2015/10/9	汇丰银行
392	挚信投资顾问（香港）有限公司	中国香港	2015/10/12	汇丰银行
393	中国工商银行（欧洲）有限公司	卢森堡	2015/11/2	汇丰银行
394	瀚亚证券投资信托股份有限公司	中国台湾	2015/11/2	汇丰银行
395	中国银行（卢森堡）有限公司	卢森堡	2015/11/3	渣打银行
396	柏瑞证券投资信托股份有限公司	中国台湾	2015/11/24	花旗银行
397	广发国际资产管理（英国）有限公司	英国	2015/12/10	汇丰银行
398	保宁资产有限公司	英国	2016/1/13	花旗银行
399	贝莱德（新加坡）有限公司	新加坡	2016/1/25	汇丰银行
400	野村资产管理德国有限公司	德国	2016/2/1	汇丰银行
401	法国工商信贷银行有限公司	法国	2016/2/22	渣打银行
402	忠利投资卢森堡有限公司	卢森堡	2016/2/22	建设银行
403	OCTO 资产管理公司	法国	2016/2/26	工商银行
404	Avanda 投资管理私人有限公司	新加坡	2016/3/15	汇丰银行
405	瀚亚投资（新加坡）有限公司	新加坡	2016/3/17	汇丰银行
406	国泰全球投资管理有限公司	中国香港	2016/3/17	建设银行
407	广发金融交易（英国）有限公司	英国	2016/4/1	工商银行
408	安盛投资管理有限公司（巴黎）	法国	2016/4/1	浦发银行
409	辉立资金管理有限公司	新加坡	2016/4/26	工商银行
410	第一商业银行股份有限公司	中国台湾	2016/5/3	汇丰银行
411	迈达思基金管理有限公司	韩国	2016/5/6	渣打银行
412	富达投资管理（新加坡）有限公司	新加坡	2016/6/6	花旗银行
413	爱德蒙得洛希尔资产管理（法国）有限公司	法国	2016/6/8	建设银行
414	荷宝卢森堡股份有限公司	卢森堡	2016/6/8	德意志银行
415	海汇通资产管理有限公司	新加坡	2016/7/19	工商银行
416	元大证券股份有限公司	中国台湾	2016/7/19	交通银行
417	工银国际资产管理有限公司	中国香港	2016/7/19	农业银行
418	有进投资证券公司	韩国	2016/8/12	汇丰银行

续表

序号	中文名称	注册地	批准日期	主托管行
419	中国光大证券资产管理有限公司	中国香港	2016/8/12	交通银行
420	株式会社新韩银行	韩国	2016/8/22	汇丰银行
421	领航集团有限公司	美国	2016/9/1	汇丰银行
422	开泰基金管理有限公司	泰国	2016/9/9	汇丰银行
423	中邮创业国际资产管理有限公司	中国香港	2016/9/9	中国银行
424	摩根大通证券股份有限公司	英国	2016/9/28	汇丰银行
425	罗素投资管理（澳大利亚）有限公司	澳大利亚	2016/10/27	汇丰银行
426	贝莱德基金顾问公司	美国	2016/11/25	汇丰银行
427	Lemanik 资产管理股份有限公司	卢森堡	2016/11/25	工商银行
428	东方汇理资产管理（卢森堡）公司	卢森堡	2016/12/20	汇丰银行
429	招银国际资产管理有限公司	中国香港	2017/1/5	中国银行
430	中加国际资产管理有限公司	中国香港	2017/1/10	建设银行
431	信安资产管理有限公司	马来西亚	2017/1/18	汇丰银行
432	Aware 养老金私人有限公司	澳大利亚	2017/1/18	汇丰银行
433	海通银行	葡萄牙	2017/2/13	花旗银行
434	范达投资有限公司	澳大利亚	2017/2/23	工商银行
435	兴证国际资产管理有限公司	中国香港	2017/6/19	兴业银行
436	申万宏源新加坡私人有限公司	新加坡	2017/7/27	中国银行
437	Acadian 资产管理有限责任公司	美国	2017/7/27	汇丰银行
438	山证国际资产管理有限公司	中国香港	2017/8/14	交通银行
439	新加坡联盟投资管理有限公司	新加坡	2017/8/18	汇丰银行
440	WisdomTree 资产管理	美国	2017/10/16	汇丰银行
441	荷兰汇盈资产管理公司	荷兰	2017/11/28	汇丰银行
442	海克利尔国际投资有限责任公司	英国	2018/1/8	汇丰银行
443	美国桥水投资公司	美国	2018/5/25	汇丰银行
444	道富环球投资爱尔兰有限公司	爱尔兰	2018/5/31	汇丰银行
445	道富环球投资信托公司	美国	2018/5/31	汇丰银行
446	道富环球投资资产管理有限公司	美国	2018/5/31	汇丰银行
447	道富环球投资有限公司	英国	2018/5/31	汇丰银行
448	富善国际资产管理（香港）有限公司	中国香港	2018/7/16	建设银行

续表

序号	中文名称	注册地	批准日期	主托管行
449	WisdomTree 管理有限公司	爱尔兰	2018/8/15	汇丰银行
450	中泰国际资产管理有限公司	中国香港	2018/8/15	中国银行
451	耀之国际资产管理有限公司	中国香港	2018/9/6	工商银行
452	三井住友银行股份有限公司	日本	2018/9/30	汇丰银行
453	银华国际资本管理公司	中国香港	2018/10/8	建设银行
454	中国人保香港资产管理有限公司	中国香港	2018/10/12	建设银行
455	中邮国际（英国）有限公司	中国香港	2018/10/23	中国银行
456	瑞士嘉盛银行有限公司	瑞士	2018/11/20	建设银行
457	东吴中新资产管理（亚洲）有限公司	新加坡	2018/12/3	中国银行
458	雪湖资本（香港）有限公司	中国香港	2018/12/14	汇丰银行
459	富达管理及研究公司有限责任公司	美国	2018/12/18	汇丰银行
460	盘谷资产管理有限公司	泰国	2019/2/15	中国银行
461	柏瑞投资爱尔兰有限公司	爱尔兰	2019/2/26	汇丰银行
462	思达资本（香港）有限公司	中国香港	2019/2/27	星展银行
463	国际货币基金组织		2019/3/5	工商银行
464	野村新加坡有限公司	新加坡	2019/3/12	汇丰银行
465	乐瑞资产管理（香港）有限公司	中国香港	2019/4/17	工商银行
466	时和资产管理有限公司	中国香港	2019/4/17	工商银行
467	三菱日联银行股份有限公司	日本	2019/4/23	中国银行
468	新分享资产管理有限公司	中国香港	2019/4/28	工商银行
469	国际金融公司		2019/7/1	花旗银行
470	泰京资产管理股份有限公司	泰国	2019/7/3	中国银行
471	远信资本投资管理有限公司	中国香港	2019/7/17	工商银行
472	方正资产管理（香港）有限公司	中国香港	2019/8/19	建设银行
473	新永安国际资产管理有限公司	中国香港	2019/8/22	建设银行
474	马歇尔·伟世有限责任公司	英国	2019/8/22	汇丰银行
475	熵一资产管理有限公司	中国香港	2019/11/8	星展银行
476	思佰益资产管理株式会社	日本	2019/11/14	民生银行
477	同方证券有限公司	中国香港	2019/11/26	交通银行
478	范德堡大学	美国	2019/11/26	汇丰银行

续表

序号	中文名称	注册地	批准日期	主托管行
479	高都管理有限责任公司	美国	2019/12/17	汇丰银行
480	复星恒利证券有限公司	中国香港	2019/12/31	交通银行
481	喜马拉雅资本管理公司	美国	2020/2/12	建设银行
482	易亚阿尔法投资管理有限公司	中国香港	2020/2/25	德意志银行
483	绿洲管理（香港）	中国香港	2020/3/25	德意志银行
484	金涌资本管理有限公司	中国香港	2020/4/1	建设银行
485	Join Asset 国际资产运用株式会社	韩国	2020/4/1	建设银行
486	三井住友信托资产管理股份有限公司	日本	2020/4/1	花旗银行
487	华德国际资产管理有限公司	中国香港	2020/4/7	招商银行
488	基斯克威尔资产管理公司	美国	2020/4/13	汇丰银行
489	WT 资产管理有限公司	中国香港	2020/5/7	建设银行
490	Baillie Gifford Overseas Limited	英国	2020/5/11	汇丰银行
491	首源投资（香港）有限公司	中国香港	2020/5/13	花旗银行
492	亚升资本私人有限公司	新加坡	2020/5/13	渣打银行
493	C.M. 资本顾问公司	美国	2020/5/13	建设银行
494	建行证券有限公司	中国香港	2020/6/2	交通银行
495	简街香港有限公司	中国香港	2020/6/2	建设银行
496	九天管理（香港）有限公司	中国香港	2020/8/13	建设银行
497	浦银国际投资管理有限公司	中国香港	2020/8/27	花旗银行
498	AHL 有限责任合伙	英国	2020/8/27	汇丰银行
499	格盛投资管理有限责任公司	美国	2020/8/27	汇丰银行
500	普信国际	英国	2020/9/7	汇丰银行
501	晋达北美公司	美国	2020/9/10	汇丰银行
502	弘业国际资产管理有限公司	中国香港	2020/9/27	建设银行
503	立方科研资产管理有限公司	英国	2020/9/28	花旗银行
504	L&R 资本有限公司	中国香港	2020/10/10	汇丰银行
505	琅润资本管理有限公司	美国	2020/10/10	花旗银行
506	元盛资产管理有限公司	英国	2020/10/15	中国银行
507	HardingLoevner 有限合伙	美国	2020/11/16	汇丰银行
508	瑞达国际资产管理（香港）有限公司	中国香港	2020/11/16	星展银行

续表

序号	中文名称	注册地	批准日期	主托管行
509	昊青咨询管理有限公司	中国香港	2020/11/16	德意志银行
510	LAV 环球管理有限公司	开曼群岛	2020/11/16	建设银行
511	三星风险投资株式会社	韩国	2020/11/16	建设银行
512	澳帝桦澳大利亚有限公司	澳大利亚	2020/11/16	建设银行
513	克而瑞证券有限公司	中国香港	2020/11/16	建设银行
514	开域资本（新加坡）有限公司	新加坡	2020/11/16	建设银行
515	博裕资本投资管理有限公司	中国香港	2020/11/16	花旗银行
516	ArtisanPartners 有限合伙	美国	2020/11/16	汇丰银行
517	西北投资管理（香港）有限公司	中国香港	2020/11/16	花旗银行
518	璞林资本（香港）有限公司	中国香港	2020/11/16	汇丰银行
519	布洛德峰投资顾问有限公司	新加坡	2020/11/16	花旗银行
520	金信期盈证券（香港）有限公司	中国香港	2020/11/17	招商银行
521	联威投资有限公司	中国香港	2020/11/17	中国银行
522	瑞士经纬投资有限公司	中国香港	2020/11/17	星展银行
523	嘉谟证券有限公司	中国香港	2020/11/23	建设银行
524	瑞明资本有限公司	中国香港	2020/11/23	星展银行
525	智睿投资顾问有限公司	中国香港	2020/11/25	星展银行
526	未来资产证券（香港）有限公司	中国香港	2020/12/3	中国银行
527	中国银行（新西兰）有限公司	新西兰	2020/12/3	工商银行
528	民银资产管理有限公司	中国香港	2020/12/7	招商银行
529	美国华平有限公司	美国	2020/12/7	花旗银行
530	平证资产管理（香港）有限公司	中国香港	2020/12/7	工商银行
531	维世资产管理（香港）有限公司	中国香港	2020/12/10	星展银行
532	巨柏资产管理（香港）有限公司	中国香港	2020/12/15	星展银行
533	雅典娜私人有限公司	新加坡	2020/12/15	星展银行
534	建信资产管理（香港）有限公司	中国香港	2020/12/15	招商银行
535	中信信惠国际资本（香港）有限公司	中国香港	2020/12/15	建设银行
536	德弘美元基金管理公司	开曼群岛	2020/12/14	花旗银行
537	彬元资本有限公司	中国香港	2020/12/14	德意志银行
538	中欧基金国际有限公司	中国香港	2020/12/14	建设银行

续表

序号	中文名称	注册地	批准日期	主托管行
539	凯雷毛里求斯 CIS 投资管理公司	毛里求斯	2020/12/14	花旗银行
540	BFAM 合伙（香港）有限公司	中国香港	2020/12/14	汇丰银行
541	幻方资本管理（香港）有限公司	中国香港	2020/12/14	建设银行
542	红杉资本投资管理有限公司	开曼群岛	2020/12/14	建设银行
543	伟华电子有限公司	中国香港	2020/12/14	建设银行
544	山河资本管理香港咨询有限公司	中国香港	2020/12/14	汇丰银行
545	Systematica 投资有限公司	泽西岛	2020/12/14	汇丰银行
546	太盟亚洲资本有限公司	开曼群岛	2020/12/14	花旗银行
547	华乐资本有限公司	中国香港	2020/12/14	汇丰银行
548	淘金者证券（香港）有限公司	中国香港	2020/12/14	工商银行
549	美国金瑞基金管理有限公司	美国	2020/12/14	汇丰银行
550	隆奥资产管理（欧洲）有限公司	英国	2020/12/25	汇丰银行
551	高谛安资本新加坡私人有限公司	新加坡	2020/12/25	工商银行
552	裕丰资产管理有限公司	中国香港	2021/1/5	建设银行
553	Bradesco 资产管理有限公司	巴西	2021/1/5	星展银行
554	光银国际资产管理有限公司	中国香港	2021/1/5	招商银行
555	香港资产管理有限公司	中国香港	2021/1/15	中国银行
556	富德资产管理（香港）有限公司	中国香港	2021/1/15	花旗银行
557	保德信投资管理定量解决方案有限责任公司	美国	2021/1/26	汇丰银行
558	东兴证券（香港）资产管理公司	中国香港	2021/1/26	中国银行
559	永安国富资产管理（香港）有限公司	中国香港	2021/2/3	中国银行
560	泓策投资管理有限公司	中国香港	2021/2/9	中国银行
561	海纳亚太有限公司	澳大利亚	2021/2/9	建设银行
562	新光证券投资信托股份有限公司	中国台湾	2021/2/10	汇丰银行
563	HRTC 有限公司	开曼群岛	2021/2/10	建设银行
564	瀚诺有限公司	英国	2021/2/10	工商银行
565	才华资本管理有限公司	中国香港	2021/2/10	建设银行
566	德骥资本管理公司	美国	2021/2/10	汇丰银行
567	泰仁资本有限公司	中国香港	2021/2/10	汇丰银行
568	锐联资产管理有限公司	中国香港	2021/2/10	工商银行

续表

序号	中文名称	注册地	批准日期	主托管行
569	千禧新加坡资产管理有限公司	新加坡	2021/2/25	花旗银行
570	建峣实业投资	中国香港	2021/3/4	汇丰银行
571	皮尔亨特公司	英国	2021/3/4	建设银行
572	阶乘管理有限公司	中国香港	2021/3/16	德意志银行
573	金锝资产管理（香港）有限公司	中国香港	2021/3/16	建设银行
574	迈普斯资本管理有限公司	中国香港	2021/3/16	花旗银行
575	长龙投资管理有限公司	中国香港	2021/3/16	汇丰银行
576	睿亚资产管理有限公司	中国香港	2021/3/16	汇丰银行
577	Oberweis 资产管理公司	美国	2021/3/16	汇丰银行
578	中泰国际资产管理（新加坡）有限公司	新加坡	2021/3/18	工商银行
579	长廊资产管理有限公司	中国香港	2021/3/18	德意志银行
580	凯华投资香港有限公司	中国香港	2021/3/17	德意志银行
581	胜利证券有限公司	中国香港	2021/3/22	建设银行
582	AROHI 资产管理有限公司	新加坡	2021/3/26	汇丰银行
583	晨曦投资管理有限公司	中国香港	2021/3/31	建设银行
584	时富资产管理有限公司	中国香港	2021/4/2	建设银行
585	方瀛研究与投资（香港）有限公司	中国香港	2021/4/12	汇丰银行
586	云栖资本有限公司	中国香港	2021/4/20	建设银行
587	中环资产投资有限公司	中国香港	2021/4/20	工商银行
588	永丰金证券股份有限公司	中国台湾	2021/4/20	浦发银行
589	腾新投资有限公司	新加坡	2021/4/20	建设银行
590	衍盛中国（香港）有限公司	中国香港	2021/4/20	星展银行
591	柏基公司	英国	2021/4/30	汇丰银行
592	鸿昇证券有限公司	中国香港	2021/4/30	招商银行
593	黑石另类投资方案有限责任公司	美国	2021/5/14	汇丰银行
594	DNCA 金融	法国	2021/5/14	汇丰银行
595	中国通海资产管理有限公司	中国香港	2021/5/19	交通银行
596	Eclipse 期货（香港）有限公司	中国香港	2021/5/19	建设银行
597	上信（香港）控股有限公司	中国香港	2021/5/21	招商银行
598	BPC 有限公司	中国香港	2021/5/26	中国银行

续表

序号	中文名称	注册地	批准日期	主托管行
599	汇讯家族资产管理公司	新加坡	2021/5/28	工商银行
600	GLP Capital Investment 4 (HK) Limited	中国香港	2021/5/6	招商银行
601	尚川实业有限公司	中国香港	2021/6/28	工商银行
602	东英投资管理有限公司	中国香港	2021/6/17	星展银行
603	保银资产管理有限公司	中国香港	2021/6/16	平安银行
604	WCM 投资管理有限责任公司	美国	2021/6/17	汇丰银行
605	迈凯希金融公司	加拿大	2021/6/11	汇丰银行
606	安联环球投资亚太有限公司	中国香港	2021/6/10	汇丰银行
607	Al Mehwar 商业投资有限责任公司	阿联酋	2021/6/16	汇丰银行
608	元库证券有限公司	中国香港	2021/6/17	工商银行
609	Quaero 资本有限责任合伙	英国	2021/6/18	汇丰银行
610	沛达投资管理有限公司	中国香港	2021/6/24	汇丰银行
611	鲍尔太平投资管理有限公司	加拿大	2021/6/28	建设银行
612	De Tiger 资本有限公司	中国香港	2021/6/24	招商银行
613	大岩资本香港有限公司	中国香港	2021/6/24	工商银行
614	磊亚投资顾问有限公司	中国香港	2021/6/4	花旗银行
615	DTL 量化投资管理有限公司	新加坡	2021/7/5	建设银行
616	佰利资产管理有限合伙	美国	2021/7/5	花旗银行
617	台中银证券投资信托股份有限公司	中国台湾	2021/7/5	汇丰银行
618	源峰基金管理有限公司	中国香港	2021/7/5	中国银行
619	清池资本（香港）有限公司	中国香港	2021/7/5	花旗银行
620	鼎亚资本（新加坡）私人有限公司	新加坡	2021/7/5	汇丰银行
621	涛合研究资本新加坡有限公司	新加坡	2021/7/19	建设银行
622	天元资本有限公司	中国香港	2021/7/21	汇丰银行
623	KENSHO 控股有限公司	美国	2021/7/22	建设银行
624	邮政银行资产管理公司	法国	2021/7/26	汇丰银行
625	凯基国际（香港）有限公司	中国香港	2021/7/28	招商银行
626	赛格资产管理有限公司	南非	2021/7/28	汇丰银行
627	中国银河国际资产管理（香港）有限公司	中国香港	2021/8/11	交通银行
628	社会保险总局	沙特阿拉伯	2021/8/19	汇丰银行

续表

序号	中文名称	注册地	批准日期	主托管行
629	科威特投资办公室	科威特	2021/8/24	汇丰银行
630	淡明资本私人有限公司	新加坡	2021/8/25	汇丰银行
631	Timefolio 资产管理新加坡私人投资有限公司	新加坡	2021/9/17	花旗银行
632	启行资本管理新加坡私人有限公司	新加坡	2021/9/2	花旗银行
633	贝恩资本（新加坡）有限公司	新加坡	2021/9/2	建设银行
634	无极资本管理有限公司	中国香港	2021/9/17	花旗银行
635	立格资本投资有限公司	新加坡	2021/9/2	渣打银行
636	腾跃基金	美国	2021/9/17	花旗银行
637	海德资产管理有限公司	中国香港	2021/9/3	汇丰银行
638	中达资产管理有限公司	中国香港	2021/9/2	交通银行
639	文渊资本管理有限公司	中国香港	2021/9/17	汇丰银行
640	LMR Partners 有限公司	中国香港	2021/9/2	汇丰银行
641	贝克兄弟顾问有限合伙	美国	2021/9/3	花旗银行
642	天风国际资产管理有限公司	中国香港	2021/9/17	民生银行
643	路博迈投资顾问有限责任公司	美国	2021/9/17	中国银行
644	法拉龙资本投资有限责任公司	美国	2021/9/15	花旗银行
645	威廉欧奈尔全球投资顾问公司	美国	2021/9/24	建设银行
646	丰晟资本管理有限公司	开曼群岛	2021/9/24	工商银行
647	弘源资本有限公司	中国香港	2021/10/14	中国银行
648	国联证券国际资产管理有限公司	中国香港	2021/10/28	招商银行
649	中信证券国际资本管理有限公司	英属维尔京群岛	2021/10/15	花旗银行
650	元库资产管理有限公司	中国香港	2021/10/28	工商银行
651	黑石另类资产管理有限合伙	美国	2021/10/25	汇丰银行
652	首源投资（新加坡）	新加坡	2021/10/26	花旗银行
653	塔菲石资本管理有限公司	美国	2021/11/1	中国银行
654	好买香港有限公司	中国香港	2021/11/1	中国银行
655	华普资本有限公司	中国香港	2021/11/1	招商银行
656	第一上海证券有限公司	中国香港	2021/11/1	中国银行
657	公共投资基金	沙特阿拉伯	2021/11/5	汇丰银行

续表

序号	中文名称	注册地	批准日期	主托管行
658	Weiss 资产管理有限合伙	美国	2021/11/11	汇丰银行
659	横华国际资产管理（新加坡）有限公司	新加坡	2021/11/9	星展银行
660	信银（香港）资本有限公司	中国香港	2021/11/26	交通银行
661	橡树资本管理有限公司	新加坡	2021/11/26	汇丰银行
662	扬帆资本（新加坡）私人有限公司	新加坡	2021/11/29	德意志银行
663	六福资产管理（香港）有限公司	中国香港	2021/12/14	浦发银行
664	迈德瑞资产管理有限公司	法国	2021/12/14	建设银行
665	中国信托证券投资信托股份有限公司	中国台湾	2021/12/21	花旗银行
666	信安证券投资股份有限公司	奥地利	2021/12/1	渣打银行
667	中国资本投资管理有限公司	中国香港	2021/12/6	中国银行
668	加皇环球资产管理（亚洲）有限公司	中国香港	2021/12/2	渣打银行
669	盛富德战略顾问（新加坡）有限公司	新加坡	2021/12/14	汇丰银行
670	安本香港有限公司	中国香港	2021/12/23	花旗银行

附表6　　合格境外投资者托管银行一览表

序号	合格境外投资者托管行中文名称
1	汇丰银行（中国）有限公司
2	花旗银行（中国）有限公司
3	渣打银行（中国）有限公司
4	中国工商银行股份有限公司
5	中国银行股份有限公司
6	中国农业银行股份有限公司
7	交通银行股份有限公司
8	中国建设银行股份有限公司
9	中国光大银行股份有限公司
10	中国招商银行股份有限公司
11	德意志银行（中国）有限公司
12	星展银行（中国）有限公司
13	中国中信银行股份有限公司
14	上海浦东发展银行股份有限公司
15	中国民生银行股份有限公司
16	三菱东京日联银行（中国）有限公司
17	兴业银行股份有限公司
18	平安银行股份有限公司
19	华夏银行股份有限公司
20	江苏银行股份有限公司
21	法国巴黎银行（中国）有限公司
22	宁波银行股份有限公司

附表7　　境外证券类机构驻华代表处一览表

序号	境外机构名称	代表处地点
1	德国商业银行股份有限公司（证券业务）北京代表处	北京
2	法国巴黎资本（亚洲）有限公司北京代表处	北京
3	高盛（中国）有限责任公司北京代表处	北京
4	韩国三星证券公司北京代表处	北京
5	韩国投资证券株式会社北京代表处	北京
6	韩国未来资产证券股份有限公司北京代表处	北京
7	花旗环球金融中国有限公司北京代表处	北京
8	交银国际控股有限公司北京代表处	北京
9	京华山一国际（香港）有限公司北京代表处	北京
10	美国富瑞金融集团北京代表处	北京
11	美国科本资本市场公司北京代表处	北京
12	美林国际有限公司北京代表处	北京
13	蒙特利尔银行利时证券公司北京代表处	北京
14	日本大和证券株式会社北京代表处	北京
15	日本摩乃科斯证券股份有限公司北京代表处	北京
16	日本瑞穗证券股份有限公司北京代表处	北京
17	日本三井住友信托银行股份有限公司（证券业务）北京代表处	北京
18	日本野村证券株式会社北京代表处	北京
19	瑞士信贷（香港）有限公司北京代表处	北京
20	三菱日联证券控股股份有限公司北京代表处	北京
21	台湾元大证券股份有限公司北京代表处	北京
22	香港第一上海融资有限公司北京代表处	北京
23	香港摩根大通证券（亚太）有限公司北京代表处	北京
24	香港上海汇丰银行有限公司（证券业务）北京代表处	北京
25	中银国际控股有限公司北京代表处	北京
26	德意志银行股份有限公司（证券业务）北京代表处	北京
27	摩根士丹利亚洲有限公司北京代表处	北京
28	香港致富证券有限公司北京代表处	北京

续表

序号	境外机构名称	代表处地点
29	日本盛华日兴证券株式会社北京代表处	北京
30	宏富投资管理有限公司北京代表处	北京
31	邓普顿国际股份有限公司北京代表处	北京
32	信安环球投资有限公司北京代表处	北京
33	香港摩根资产管理（亚太）有限公司北京代表处	北京
34	富达基金（香港）有限公司北京代表处	北京
35	法国法盛投资管理公司北京代表处	北京
36	新加坡摩根士丹利投资管理公司北京代表处	北京
37	领航投资香港有限公司北京代表处	北京
38	加拿大迈凯希金融公司北京代表处	北京
39	美国桥水投资公司北京代表处	北京
40	野村证券株式会社上海代表处	上海
41	法国巴黎资本（亚洲）有限公司上海代表处	上海
42	美国美林国际有限公司上海代表处	上海
43	中信里昂证券有限公司上海代表处	上海
44	高盛（中国）有限责任公司上海代表处	上海
45	韩国农协投资证券公司上海代表处	上海
46	群益国际控股有限公司上海代表处	上海
47	韩国国民证券公司上海代表处	上海
48	新鸿基投资服务有限公司上海代表处	上海
49	星展唯高达香港有限公司上海代表处	上海
50	永丰金证券（亚洲）有限公司上海代表处	上海
51	日盛嘉富证券国际有限公司上海代表处	上海
52	凯基证券亚洲有限公司上海代表处	上海
53	海通国际证券有限公司上海代表处	上海
54	香港上海汇丰银行有限公司（证券业务）上海代表处	上海
55	内藤证券公司上海代表处	上海
56	法国兴业证券（香港）有限公司上海代表处	上海
57	台湾元大证券股份有限公司上海代表处	上海
58	香港大和投资管理（香港）有限公司上海代表处	上海
59	瑞士信贷（香港）有限公司上海代表处	上海

续表

序号	境外机构名称	代表处地点
60	日本瑞穗证券股份有限公司上海代表处	上海
61	日本三井住友德思资产管理股份有限公司上海代表处	上海
62	冈三证券股份有限公司上海代表处	上海
63	麦格理证券（澳大利亚）股份有限公司上海代表处	上海
64	致富证券有限公司上海代表处	上海
65	东洋证券股份有限公司上海代表处	上海
66	韩国新韩金融投资股份有限公司上海代表处	上海
67	蓝泽证券股份有限公司上海代表处	上海
68	韩国爱思开证券股份有限公司上海代表处	上海
69	华南永昌综合证券股份有限公司上海代表处	上海
70	韩国未来资产证券股份有限公司上海代表处	上海
71	韩国投资信托运用株式会社上海代表处	上海
72	坤信国际证券有限公司上海代表处	上海
73	富兰克林华美证券投资信托股份有限公司上海代表处	上海
74	马来西亚城市信贷投资银行有限公司上海代表处	上海
75	台湾地区大庆证券股份有限公司上海代表处	上海
76	香港致富证券有限公司深圳代表处	深圳
77	凯基证券亚洲有限公司深圳代表处	深圳
78	元大证券（香港）有限公司深圳代表处	深圳
79	香港中国泛海证券有限公司沈阳代表处	沈阳
80	台湾统一综合证券股份有限公司厦门代表处	厦门

附表8　　　　境外交易所驻华代表处一览表

序号	驻华代表处名称	所在城市	备案或批准时间
1	美国纽约商品交易所股份有限公司北京代表处	北京	2021/10/26
2	美国芝加哥期货交易所股份有限公司北京代表处	北京	2021/10/26
3	美国纽约商业交易所股份有限公司北京代表处	北京	2021/10/26
4	美国芝加哥商业交易所股份有限公司北京代表处	北京	2021/10/26
5	巴西证券期货交易所上海代表处	上海	2013/3/1
6	德国德意志交易所股份有限公司北京代表处	北京	2008/9/1
7	伦敦证券交易所有限责任公司北京代表处	北京	2008/1/1
8	新加坡交易所有限公司北京代表处	北京	2007/11/1
9	韩国交易所北京代表处	北京	2007/11/1
10	日本东京证券交易所株式会社北京代表处	北京	2007/10/1
11	美国纳斯达克股票市场有限责任公司北京代表处	北京	2007/9/1
12	美国纽约证券交易所有限责任公司北京代表处	北京	2007/9/1
13	香港交易及结算所有限公司北京代表处	北京	2003/9/1

附表9　双边监管合作谅解备忘录一览表

序号	国家/地区（以英文首字母排序）	境外监管机构名称	签署时间	合作文件名称	备注
1	阿布扎比	阿布扎比全球市场金融服务监管局	2016/7/14	证券期货监管合作谅解备忘录	
2	阿根廷	阿根廷国家证券委员会	2006/9/20	证券期货监管合作谅解备忘录	
3	澳大利亚	澳大利亚证券委员会	1996/5/23	证券期货监管合作谅解备忘录	
4	奥地利	奥地利金融市场管理局	2008/10/30	证券期货监管合作谅解备忘录	
5	阿塞拜疆	阿塞拜疆国家证券委员会	2015/5/19	证券期货监管合作谅解备忘录	
6	白俄罗斯	白俄罗斯共和国财政部	2014/1/20	证券期货监管合作谅解备忘录	
7	比利时	比利时银行及金融委员会	2002/11/26	证券期货监管合作谅解备忘录	
8	巴西	巴西证券委员会	1997/11/13	证券监管合作谅解备忘录	
9	文莱	文莱金融管理局	2014/2/17	证券期货监管合作谅解备忘录	
10	柬埔寨	柬埔寨证券交易委员会	2019/6/21	证券期货监管合作谅解备忘录	
11	加拿大	加拿大证券监管机构初始参与成员	2003/3/21	证券期货监管合作谅解备忘录	
12	开曼群岛	开曼群岛金融管理局	2018/11/5	证券期货监管合作谅解备忘录	
13	智利	智利证券和保险监管局	2017/5/13	证券监管合作谅解备忘录	
14	塞浦路斯	塞浦路斯证券交易委员会	2012/5/17	证券期货监管合作谅解备忘录	
15	迪拜	迪拜金融服务局	2008/9/27	证券期货监管合作谅解备忘录	
16	埃及	埃及资本市场委员会	2000/6/22	证券监管合作谅解备忘录	

续表

序号	国家/地区（以英文首字母排序）	境外监管机构名称	签署时间	合作文件名称	备注
17	法国	法国证券委员会	1998/3/4	证券期货监管合作谅解备忘录	
		法国金融市场委员会（现译为法国金融市场管理局）	2006/12/7	中国证监会与法国金融市场委员会关于相互合作的函	
		法国金融市场管理局	2018/12/7	法国金融市场管理局与中国证监会关于相互合作的函	
		法国金融市场管理局	2019/3/25	关于金融领域创新合作之谅解备忘录	
18	德国	德国联邦金融监管局	2019/1/18	证券期货监管合作谅解备忘录	取代1998年10月8日中国证监会与德国联邦证券监管委员会《证券监管合作备忘录》
			2019/3/18	关于期货监管合作与信息交换的谅解备忘录附函	
19	直布罗陀	直布罗陀金融服务委员会	2020/12/22	证券期货监管合作谅解备忘录	
20	希腊	希腊资本市场委员会	2017/8/31	证券期货及其他投资产品监管合作谅解备忘录	
21	耿西岛	耿西金融服务委员会	2013/11/18	证券期货监管合作谅解备忘录	
			1993/6/19	监管合作备忘录	
			1995/7/4	有关期货事宜的监管合作备忘录	
22	中国香港特别行政区	香港证券及期货事务监察委员会	2016/11/3	内地与香港股票市场交易互联互通机制下中国证监会与香港证监会加强监管执法合作备忘录	
			2017/12/29	关于期货事宜的监管及执法合作备忘录	

续表

序号	国家/地区（以英文首字母排序）	境外监管机构名称	签署时间	合作文件名称	备注
23	匈牙利	匈牙利中央银行	2021/7/26	证券期货监管合作谅解备忘录	
24	印度	印度证券及交易委员会	2006/9/15	证券期货监管合作谅解备忘录	2015年9月，印度远期市场委员会（FMC）与印度证券交易委员会（SEBI）合并，FMC与中国证监会签署的商品期货监管合作谅解备忘录由SEBI继承
		印度远期市场委员会	2006/11/21	商品期货监管合作谅解备忘录	
25	印度尼西亚	印度尼西亚资本市场监管委员会	2003/12/9	关于相互协助和信息交流的谅解备忘录	
		印度尼西亚商品期货交易监管局	2004/10/14	期货监管合作谅解备忘录	
26	伊朗	伊朗证券和交易组织	2018/6/10	证券期货及其他投资产品监管合作谅解备忘录	
27	爱尔兰	爱尔兰金融服务监管局	2008/10/23	证券期货监管合作谅解备忘录	
28	马恩岛	马恩岛金融监督管理委员会	2014/6/9	证券期货监管合作谅解备忘录	
29	以色列	以色列证券管理局	2011/3/29	证券期货监管合作谅解备忘录	
30	意大利	意大利国家证券监管委员会	1999/11/3	谅解备忘录	
31	日本	日本大藏省	1997/3/18	关于促进两国证券市场合作的谅解备忘录	
		日本金融厅	2018/10/26		
32	泽西岛	泽西岛金融服务委员会	2014/4/9	证券期货监管合作谅解备忘录	
33	约旦	约旦证券委员会	2006/9/20	证券期货监管合作谅解备忘录	

续表

序号	国家/地区（以英文首字母排序）	境外监管机构名称	签署时间	合作文件名称	备注
34	哈萨克斯坦	哈萨克斯坦国家银行	2015/5/13	证券期货监管合作谅解备忘录	
35	韩国	阿斯塔纳金融服务管理局	2018/2/9	证券期货监管合作谅解备忘录	
		韩国金融服务委员会/韩国金融监督院	2018/5/28	证券期货监管合作谅解备忘录	取代2001年6月19日中国证监会与韩国金融监督委员会签署的《证券期货监管合作安排》
36	科威特	科威特股票交易所委员会	2010/5/5	证券期货监管合作谅解备忘录	
37	老挝	老挝证券交易委员会	2011/9/19	证券期货监管合作谅解备忘录	
38	列支敦士登	列支敦士登金融管理局	2008/1/15	证券期货监管合作谅解备忘录	
39	立陶宛	立陶宛银行	2013/9/13	证券期货监管合作谅解备忘录	
40	卢森堡	卢森堡金融监管委员会	2012/5/17	证券期货监管合作谅解备忘录	取代1998年5月18日中国证监会与卢森堡证券监管委员会签署的《证券监管合作谅解备忘录》
41	澳门特别行政区	澳门金融管理局	2020/6/30	合作备忘录	
42	马来西亚	马来西亚证券委员会	1997/4/18	证券期货监管合作谅解备忘录	
43	马耳他	马耳他金融服务局	2010/1/26	证券期货监管合作谅解备忘录	
44	蒙古	蒙古金融监督委员会	2008/1/24	证券期货监管合作谅解备忘录	
45	荷兰	荷兰金融市场委员会	2002/11/1	证券期货监管合作谅解备忘录	
46	新西兰	新西兰证券委员会	2004/2/20	证券期货监管合作谅解备忘录	
47	尼日利亚	尼日利亚证券交易委员会	2005/6/14	证券期货监管合作谅解备忘录	
48	挪威	挪威金融监管委员会	2006/9/26	证券期货监管合作谅解备忘录	
49	巴基斯坦	巴基斯坦证券交易委员会	2010/12/17	证券期货监管合作谅解备忘录	
50	波兰	波兰金融监督管理局	2015/3/23	证券期货监管合作谅解备忘录	

续表

序号	国家/地区（以英文首字母排序）	境外监管机构名称	签署时间	合作文件名称	备注
51	葡萄牙	葡萄牙证券市场委员会	2004/10/26	证券期货监管合作谅解备忘录	
52	卡塔尔	卡塔尔金融市场管理局	2011/4/7	证券期货监管合作谅解备忘录	
53	罗马尼亚	罗马尼亚国家证券委员会	2002/6/27	证券期货监管合作谅解备忘录	
54	俄罗斯	俄罗斯中央银行	2016/6/25	证券期货监管合作谅解备忘录	取代2008年8月8日中国证监会与俄罗斯联邦金融市场监督总局签署的《证券期货监管合作谅解备忘录》
55	新加坡	新加坡金融管理局	1995/11/30	关于监管证券和期货活动的相关合作与信息互换的备忘录	
			2018/11/12	关于期货监管合作与信息交换的谅解备忘录	
56	南非	南非金融服务委员会	2002/10/29	证券期货监管合作谅解备忘录	
57	西班牙	西班牙国家证券市场委员会	2009/10/6	证券期货监管合作谅解备忘录	
58	瑞典	瑞典金融监管局	2012/4/24	证券期货监管合作谅解备忘录	
59	瑞士	瑞士联邦银行委员会	2003/5/22	证券期货监管合作谅解备忘录	
60	中国台湾地区	台湾方面金融监督管理机构	2009/11/6	海峡两岸证券及期货监督管理合作谅解备忘录	
61	泰国	泰国证券交易委员会	2007/4/11	证券期货监管合作谅解备忘录	
62	土耳其	土耳其资本市场委员会	2006/11/10	证券期货监管合作谅解备忘录	
63	阿联酋	阿联酋证券商品委员会	2006/12/6	证券期货监管合作谅解备忘录	
64	英国	英国财政部、英国证券与投资委员会	1996/10/7	证券期货监管合作谅解备忘录	
		英国金融行为监管局	2018/10/17	上海与伦敦证券市场互联互通机制监管合作谅解备忘录	

续表

序号	国家/地区（以英文首字母排序）	境外监管机构名称	签署时间	合作文件名称	备注
65	美国	美国证券交易委员会	1994/4/28	关于合作、磋商及技术协助的谅解备忘录	
		美国商品期货交易委员会	2002/1/18	期货监管合作谅解备忘录	
		美国证券交易委员会	2006/5/2	中国证券监督管理委员会与美国证券交易委员会合作条款	
66	乌克兰	乌克兰国家证券和股市委员会	2013/8/30	证券期货监管合作谅解备忘录	取代1997年12月22日中国证监会与乌克兰证券与股市委员会签署的《证券监管合作谅解备忘录》
67	越南	越南证券委员会	2005/6/27	证券期货监管合作谅解备忘录	

后记

在《中国证券监督管理委员会年报（2021）》的编写过程中，我们得到了各部门和系统内各单位的大力支持，在此表示衷心感谢，并特别感谢以下人员对此项工作的贡献：

年报编写组（按姓氏笔画排序）

王元斌	王扬扬	王宇婷	王盟凯	王 潇	毛寒松	文 豪	吕靖轩	朱尚文
任雪彤	刘子嘉	汲洋旭	孙玉奎	孙 鹏	李东平	李 博	杨斯尧	何安然
何诗扬	张 晨	张 鹏	张藉文	赵凯婕	胡瑞文	姚 远	桂苡鑫	高 玥
高 峰	黄 雯	崔 旭	鹿 波	鲁威朝	裴 思	管 弦	翟继斌	

在年报的设计出版过程中，中国财政经济出版社等机构提供了协助，在此表示衷心感谢。

由于年报编写设计时间有限，书中难免有疏漏之处，欢迎提出宝贵意见。相关意见建议请发送电子邮件至 contact@cifcm.cn，我们将及时予以反馈。

中证金融研究院

2022年5月

中国证券监督管理委员会

热线电话：12386
信访电话：010-66210182
　　　　　010-66210166
网　　址：www.csrc.gov.cn
地　　址：中国北京西城区金融大街19号富凯大厦（100033）
微　　博：人民网：http://t.people.com.cn/csrcfabu
　　　　　新浪网：http://weibo.com/csrcfabu

微信公共号：证监会发布